Alexander Poraj
Geld oder Leben

ALEXANDER PORAJ

GELD
ODER
LEBEN

Was uns wirklich
glücklich macht

Kösel

Sollte diese Publikation Links auf Webseiten Dritter enthalten,
so übernehmen wir für deren Inhalte keine Haftung, da wir uns diese
nicht zu eigen machen, sondern lediglich auf deren Stand zum Zeitpunkt
der Erstveröffentlichung verweisen.

Penguin Random House Verlagsgruppe FSC® N001967

Copyright © 2021 Kösel-Verlag, München,
in der Penguin Random House Verlagsgruppe GmbH,
Neumarkter Str. 28, 81673 München
Umschlag: Zero Media GmbH, München
Umschlagmotiv: FinePic®, München
Satz: Greiner & Reichel, Köln
Druck und Bindung: GGP Media GmbH, Pößneck
Printed in Germany
ISBN 978-3-466-37258-4
www.koesel.de

 Dieses Buch ist auch als E-Book erhältlich.

Inhalt

Hände hoch: Geld oder Leben?

»Mensch, stürbest du nicht gern, so willst du nicht dein Leben;
Das Leben wird dir nicht als durch den Tod gegeben.«
Angelus Silesius

Erfreulicherweise leben wir weder in einem Land noch zu einer Zeit, in welcher es zum Alltag gehört, dass uns jemand wirklich mit einer Pistole oder einem Messer bedroht. Diese Feststellung ist ein Fakt, und wenn Sie es trotzdem nicht glauben, dann überprüfen Sie bitte die entsprechende Statistik. Eine andere Tatsache aber, die statistisch weniger überprüfbar und dennoch gefühlt täglich sichtbar ist, zeigt sich in unserer körperlich-geistigen Haltung, die beim genaueren Hinschauen alle Anzeichen einer Situation vereint, als ob doch jemand mit der Pistole auf uns zielen würde.

Den Hinweis auf unsere Haltung der erhobenen Hände meine ich ernst, schon alleine der Anstrengung wegen, die sie auf Dauer mit sich bringt. Was sich alles hinter der Pistole verstecken kann, ist eine ganz andere, aber durchaus wichtige Frage, denn eine reale Pistole, wie wir sie uns alle denken können, spielt dabei die geringste Rolle, was ich trotzdem gleich zu Beginn klargestellt haben möchte. Erstaunlicherweise – und das werden Sie hoffentlich gleich mitbekommen – hat diese Tatsache kaum Einfluss auf unsere Haltung. Überhaupt kann ich Sie jetzt schon beruhigen, denn Tatsachen und Fakten interessieren uns generell weniger als deren

Interpretationen. Und dass wir das eine mit dem anderen gerne gleichstellen oder verwechseln, wird wiederum mit dem Recht auf den Ausdruck eigener Gefühle gleichgesetzt, mit Meinungsfreiheit untermauert und als kreative Äußerung eines tieferen Selbst von den meisten von uns hochgeschätzt.

Hände hoch! – sollten wir also jemals wirklich diese Aufforderung hören, dann würden wir erstarren und mit größter Wahrscheinlichkeit brav unsere Hände hochheben. Wie im Film eben, denn nur von dort kennen wir diesen Verhaltenskodex. Nun aber leben wir nicht im Film – was eigentlich noch zu beweisen wäre –, und auf den allermeisten Straßen unserer Städte werden die Bürgersteige so schnell hochgeklappt, dass sie nicht einmal für eine solche Filmkulisse zu gebrauchen wären. Wie kommt es also dazu, dass unser Lebensgefühl eine ganze Reihe von Aspekten einer Haltung beinhaltet, die gerade dieser Szene so nahekommt? Hier spricht einiges dafür, dass wir nicht nur so – mir nichts, dir nichts – gezwungen werden, in diesem Film mitzuspielen. Nein, das wäre zu einfach. Es sieht eher danach aus, dass wir nicht nur diese Szene, sondern ein ganzes Filmgenre selber inszenieren, mit Drehbuch, Regie, plus Besetzung der Haupt- und Nebenrollen, halb bewusst, halb unbewusst, in der Regel mit mäßigem Erfolg, dafür aber mit umso größerem Einsatz. Der Einsatz ist deswegen so groß, weil wir zu spät bemerken, dass die Produktionskosten auf Pump laufen, wir sie also mit Zinseszins zurückzahlen müssen und das auch dann, wenn der Film kaum etwas eingespielt hat. So ist das Leben eben.

Und jetzt wird es richtig interessant: Die Hauptrolle wird immer von uns persönlich besetzt und zwar nicht nur die des edlen Opfers oder tatkräftigen Helden, sondern sogar die des Ganoven und, je nachdem ob die Umstände wirklich vielversprechend sind, auch die der Pistole oder des Messers.

Und wenn Sie jetzt ein Buch über eine multiple Persönlichkeitsstruktur erwarten, dann muss ich Sie enttäuschen oder erleichtern.

Ich glaube nämlich nicht daran, dass wir so viele Persönlichkeiten in einem Ich sind. Was ich aber glaube, ist, dass wir vieles tun, ja glauben, tun und sein zu müssen, um ein Gefühl von Dauer dieser einen flüchtigen Persönlichkeit genannt Ich zu erzeugen. Koste es, was es wolle. Und ja, es kostet viel und endet trotzdem in jedem Fall mit einer persönlichen Insolvenz, die wir aus der heutigen Sicht als den Tod bezeichnen und sie deswegen, so lang wie eben möglich, verzögern wollen. Also ganz so wie im richtigen Leben.

Die Situation ist im besten Falle tragikomisch, unsere Haltung natürlich miteingeschlossen. Trotzdem lacht keiner. Wie denn auch, denn Humor ist in solch einer Situation eher dünn gesät, guter Rat bekanntlich teuer, Verzweiflung an der Tagesordnung, und zusammengebissene Zähne erlauben im besten Fall – und anatomisch gesehen – eine Art von Grinsen, das den ganzen Körper, der sonst beim herzhaften Lachen immer gerne dabei ist, außer Acht lässt, um sich auf eine Gesichtsgrimasse beschränken zu können.

Was also tun? Nichts. Wirklich? Ja, wirklich, oder doch nicht ganz, denn: bevor Sie das Nichtstun tun können, benötigen Sie dazu in aller Regel eine fundierte Anleitung, so eine Art unkomplizierter Gebrauchsanweisung, so wie für das Waschen eines Baumwollhemdes. Man weiß es eigentlich, schaut aber dennoch sicherheitshalber auf die Waschhinweise, die mittlerweile auch in mehreren Sprachen nichts wirklich Neues hinzufügen. Aber man fühlt sich einfach sicherer. Und genau darauf kommt es uns an. Sicherheit.

Nur der König zählt

Nun liegt Ihnen solch eine Gebrauchsanweisung in Form dieses Buches vor. Ob Ihnen sein Inhalt ganz neue Erkenntnisse bringen wird, sei dahingestellt. Es könnte aber sein, und das ist nun meine Motivation, dass Sie so manch eine Erkenntnis und Erfahrung in einem anderen Zusammenhang zu sehen bekommen, als Sie es bislang gewohnt waren, und das bedeutet nichts Geringeres, als dass wir die Karten mal wieder neu mischen und verteilen. Es sind, wie beim Poker, zwar immer wieder die gleichen Karten, es kommt aber bekanntlich auf ihre Zusammensetzung an. Drei Zweier sind demnach immer noch wirkungsvoller als zwei Damen oder gar zwei Könige, eine Tatsache, die wir nur äußerst ungern bereit sind zu akzeptieren, denn Damen und Könige sehen nach weit mehr aus als eine oder mehrere lausige Zweier oder Dreier. Und wenn alle Stricke reißen, können Sie das Buch auch noch als Alibi für die bereits in Ihnen vorhandenen Einsichten und Erfahrungen nutzen, so Sie bislang nicht selbst den Mut dazu hatten, öfters genau dem Handlungsimpuls zu folgen, welchen die jeweilige Lebenssituation mit sich brachte. Und wenn Sie es bereits tun, dann hoffe ich, dass Sie sich beim Wiedererkennen amüsieren können, womit endlich mal Humor die Bühne betritt und damit der sonst vernachlässigte Körper, der jetzt, auf dem Sofa oder Sessel bequem sitzend, doch noch auf seine Kosten kommen könnte.

Einmal bequem Platz genommen, können Sie gerne das Buch in beliebiger Reihenfolge der Kapitel lesen. Sie sind fast selbstständig aufgebaut und damit autark. Aber eben nur fast. Ich empfehle Ihnen deswegen, mit dem zweiten Kapitel zu beginnen, denn die Frage nach dem »Ich« scheint mir fundamental zu sein und zieht sich wie ein roter Faden durch das ganze Buch hindurch. Zugegeben, es ist auch das schwierigste Kapitel. Aber einmal hindurch geht es nur noch bergab durch schöne Landschaften. Lesen Sie bitte das letzte Kapitel auf jeden Fall zuletzt. Es trägt keine Nummer, was einer kleinen Besonderheit geschuldet ist, nämlich: Ich habe die Anzahl der Kapitel in der Anlehnung an den alten Colt, der bekanntlich über sechs Schüsse verfügt, gewählt. Natürlich tat ich es im vollen Bewusstsein darüber, dass die Pazifistinnen und Pazifisten unter uns, wenn sie denn überhaupt dieses Buch zur Hand genommen haben, es spätestens jetzt wegzulegen gedenken. Nun aber langsam, bitte. Halten Sie schön die Hände hoch, setzen sich bitte wieder hin und lesen einfach weiter. Wenn Sie es bis hierher geschafft haben, dann wissen Sie bereits, dass Feuerwaffen seltener im Gebrauch sind, als allgemein vermutet, und dass die meisten Schüsse, die wir abfeuern oder die uns selber treffen, ganz anderer Natur sind, weswegen es sich vielleicht doch lohnen könnte, die Szene etwas genauer unter die Lupe zu nehmen. Und um die Bemerkung über das letzte Kapitel abzuschließen, sei nur noch hinzugefügt, dass es deswegen keine Nummer mehr trägt, weil es diese, im Sinne eines Schusses schlichtweg nicht mehr braucht. Wieso? Das lesen Sie dann bitte selbst und zum Schluss, also nach dem letzten Schuss. Sie werden sehen, dass im letzten Kapitel anstatt der Schüsse ein ganz anderer Ton und Klang herrschen wird, der auf eine besondere Art und Weise alle vorher abgegebenen Schüsse wortwörtlich und der Reihe nach ins Leere führen wird. Wo kein Schuss also, dort auch kein Ziel, und wo keine Pistole, dort auch kein Schuss, wo keine Lösung, da auch kein Problem …

So, das reicht jetzt. Nehmen Sie bitte langsam die Hände runter, aber nur um die Buchseite umzublättern …

Wer hält eigentlich die Pistole?

*»Mensch, all's verwandelt sich; wie kannst denn du allein
Ohn einge Besserung der alte Fleischklotz sein!«*
Angelus Silesius

Wer bin ich? Ich halte diese Frage immer noch für die Frage aller Fragen. Denn selbst dann, wenn wir sie an die zweite, dritte oder letzte Stelle in unserer Hitliste der wichtigsten Lebensfragen platzieren würden, sind wir es, die diese Platzierung vornehmen. Wir sind also schon auf der Bühne des Lebens im Kostüm der Selbstverständlichkeit gekleidet, bevor das Stück »Wer bin ich« losgeht. Noch deutlicher formuliert: Ob es Ihnen oder mir passt oder auch nicht, ob wir alle diese Frage für sehr wichtig oder für ganz unwichtig halten, immer haben wir uns bereits als vorhandene und real existierende Ichs vorausgesetzt, die dann großzügig zu entscheiden haben, ob die Frage nach uns selbst wichtig sei oder nicht. Das ist mehr als kurios und zeigt die eigentliche Schwierigkeit, mit der wir es nicht nur hier in diesem kurzen Kapitel zu tun haben werden, sondern vor allem im täglichen Leben, in dem wir alle so tun, als wüssten wir bereits die Antwort. Und die Antwort ist natürlich bejahend und lautet: Ja, es gibt mich. Ich bin!

Das mit der Antwort ist ungefähr so, als würde man eine vermögende Person danach fragen, was denn das Geld an sich sei, und als Antwort zuckt sie desinteressiert mit der Schulter und sagt, sie habe genügend Geld und wüsste nicht, um was es uns eigentlich ginge. Wichtig sei eben, es zu haben, und dafür hätte sie bereits hart gearbeitet und tue das auch weiter, was sie uns und allen anderen dringlichst empfehlen würde, anstatt ihr mit blöden Fragen die kostbare Zeit zu stehlen, die bekanntlich Geld kostet.

Der Unterschied zwischen Sein und Haben sollte spätestens seit Erich Fromms berühmtem gleichnamigen Essay gut bekannt sein, ist er aber nicht. Die »Gretchenfragen« sind meines Wissens, was einen weltweiten gesellschaftlichen Konsens hinsichtlich der Antworten angeht, alle weitestgehend offengeblieben. Selbst das wäre noch nicht das Schlimmste. Als wirklich beunruhigend, ja verantwortungslos halte ich eher die Tatsache, dass wir uns weltweit noch nicht einmal darüber im Klaren sind, dass wir es wirklich nicht wissen. Der in diesem Zusammenhang häufig benutzte Satz »Wir wissen es noch nicht wirklich« baut mit dem geschickt eingebauten Adverb »noch« eine zeitliche Schiene ein, deren Ende in die Gewissheit münden solle, aber eben noch nicht jetzt, und wer – da haben wir den geheimnisvollen Jemand schon wieder – weiß wirklich, ob und wann es so weit sein wird?

Derweilen finden wir alle den Umstand nicht schlimm, und er hindert uns nicht im Geringsten daran, zielsicher die tollsten Bauten und Projekte anzugehen, die sich aber, sollte sich herausstellen, dass ihr Hauptakteur, also das Ich, nicht ganz anwesend ist, als Luftschlösser entpuppen können, weil sie alle von uns für andere errichtet und gebaut werden, also immer schon in der felsenfesten Annahme, dass es uns genauso gibt, wie wir es gerne glauben, dass es uns geben sollte. Wackelt also die erste fundamentale Wahrheit, die da heißt: »Ich bin, du bist, wir sind«, dann wackeln alle anderen »Wahrheiten« auch, weil sie alle durchwegs auf ihr aufgebaut sind. Und glauben Sie mir bitte, es sind viele Bauten, die auf diesem einen unsichtbaren Fundament ihr Dasein fristen und deswegen für sehr viel Aufregung sorgen.

Wissen wir also nicht mit Sicherheit, wer und was wir sind, wie können wir uns dann so sicher sein, dass gerade unsere Ziele, Aufgaben und Werte so wichtig sind? Und wenn ja, dann ist es wer schon wieder, der das behauptet? Und für wen sollen sie so gut und richtig sein? Ich habe die Personalpronomen einfach mal fett gesetzt, damit sie uns in ihrem kontinuierlichen Auftreten überhaupt mal bewusst werden. Wie Sie also sehen können, dreht sich alles, aber auch wirklich alles nur um ich, du, mein, dein, wir oder uns. Das Zentrum jeglicher Erfahrung und Betrachtung müssen immer schon wir sein. Aber wer ist dieses verdammte, besondere oder wunderbare Wir? Genau dieser Frage müssen wir als Erstes nachgehen, denn keiner, und das meine ich hier wörtlich, kann sie uns abnehmen. Und selbst dann, wenn sich doch jemand finden würde, der es könnte, dann müssten wir ihn als Erstes fragen dürfen: Wer bist du? Und er müsste darauf antworten können. Kennen Sie zufällig jemanden, der genau das könnte? Ich nicht, und es hat bisher keiner meinen Lebensweg gekreuzt, der mich diesbezüglich mit seiner Antwort überzeugen konnte. Mehr noch, die meisten meiner Gesprächspartner ignorierten tunlichst die Frage.

Nun also: Auf wen wird geschossen und von wem? Wer hat die Pistole gebaut und wer geladen? Wer hat sie überhaupt erfunden? Und wer hält seine Hände hoch und ist dieser »wer« dabei sicher, dass es wirklich seine Hände sind?

Alle diese Fragen setzen einen anwesenden Jemand voraus. Dieser Jemand aber scheint beim genaueren Hinschauen gar nicht so da zu sein, wie wir es uns wünschen würden. Aber dann frage ich Sie nochmals: Wer ist es, der sich ein Ich wünscht? Etwa ich? Wenn ja, dann müsste es mich bereits vor mir selber gegeben haben, damit ich »ja« zu mir sagen kann. Damit setzt auch der berühmte therapeutische Satz »Sagen Sie ja zu sich« voraus, dass Sie, wenn Sie nicht schon vor Ihrer eignen Existenz zufällig da waren, spätestens beim Nachsprechen des Satzes neben sich stehen oder liegen müssten, damit Sie sich annehmen oder ablehnen können. So gesehen müssten wir alle daneben sein, und zwar neben uns selbst, was eine ernst zu nehmende Pathologie wäre, und wer weiß, vielleicht auch tatsächlich eine ist. So gesehen leiden wir alle an uns selbst. Auf solche grammatikalischen Spiele kommen wir noch zu sprechen. Hier sei schon mal darauf hingewiesen, dass nicht alles, und das meine ich wirklich und wörtlich, was sprachlich und grammatikalisch formulierbar ist, auch tatsächlich, und das bedeutet in diesem Zusammenhang, außerhalb der Sprache existiert. Das meiste eben, was in unseren Köpfen existiert, existiert nur dort und nirgendwo sonst. Das sollte uns schon mal an dieser Stelle beruhigen.

Wir benutzen also seit längerer Zeit die Personalpronomen, was an sich sehr interessant ist und viele organisatorische Bauten ermöglicht. Man kann z. B. einem Ich oder einem Du eine Menge anderer Worte zuordnen, um die beiden voneinander zu unterscheiden oder aber um sie gleichzusetzten. Sprachlich ist fast alles möglich aber eines eben nicht: Es ist nicht zwingend notwendig anzunehmen, dass es mich, dich und die anderen auch noch außerhalb der Sprachwelt gibt. Das ist alles.

Verlustangst?

Ich ahne, dass es manchen von Ihnen bereits etwas schwindlig wird und Sie fürchten – übrigens ganz zu Recht – um den Erhalt Ihrer gewohnten Welt, mit Ihrem Ich in seiner Mitte. Keine Angst, ich nehme sie Ihnen nicht. Ich wollte nur mal eben präzisieren, dass »diese« Welt mehr Ihre Welt ist, und außerhalb Ihrer Welt existiert nun mal »meine Welt«. Und »meine Welt« ist hundertprozentig nicht mit »Ihrer Welt« identisch und ganz sicher von »meiner Welt« unterschieden. Daneben gibt es natürlich eine ganze Menge »anderer Welten«. Erstaunt und verunsichert Sie das? Warten Sie bitte ab. Das ist erst der Anfang. Jedenfalls höre ich Sie erstaunt fragen, wo denn die normale alltägliche Welt wäre, in der wir doch alle gemeinsam leben? Tja, lassen wir mal diese Frage etwas offen. Sie ist nämlich in meiner Hitliste der Gretchenfragen die Nummer zwei. Im nächsten Kapitel werde ich noch auf sie zu sprechen kommen.

Auf jeden Fall spricht bereits jetzt schon einiges dafür, dass die gesamte Szene mit der Pistole, dem Händehochhalten und allem, was dazu gehört – und das ist nicht gerade wenig –, vermutlich nicht »die Welt« ist, sondern nur in Ihnen oder in mir passiert und eben nur dort. Ist das nicht eine gute Nachricht?

Irgendwie habe ich den Eindruck, Sie noch nicht ganz überzeugt zu haben. Ist ja auch nicht schlimm. Ein Großteil des Buches liegt noch vor uns.

Kehren wir erst einmal zu der Ausgangsfrage zurück: Wer oder was ist das Ich? Denn auf jeden Fall beansprucht in jeder Welt das Ich die zentrale Position, ganz gleich wie sie aussieht und wo sie sich befinden sollte. Die Suche beginnt. Die Zeit läuft. Werden wir uns finden?

Ich zähle bis zehn und fange
mit dem Suchen nach dir an

»Mensch, wo du noch was bist, was weiß, was liebst,
was hast, So bist du, glaube mir, nicht ledig deiner Last.«
Angelus Silesius

Ich habe Sie bereits lange auf die Folterbank gespannt, und nun steht Ihnen eine klare Antwort auf die Ich-Frage zu.

Die klare Frage lautet: Gibt es ein Ich oder nicht?

Die klare Antwort lautet: Ja und nein.

Bitte protestieren Sie nicht sofort. Ich habe Ihnen eine klare und nicht eine eindeutige Antwort versprochen. Angesichts dessen, um was es sich hier handelt, ist meiner Meinung nach eine eindeutige Antwort nicht angebracht. Warum? Lassen Sie es mich erklären.

Entweder – oder

Als Erstes sollten wir uns bewusst werden, dass unser Denken nichts lieber tut, als Gegensätze zu kreieren. Beachten Sie bitte wirklich genau das soeben Gesagte. Ich habe gesagt, dass wir gerne in Gegensätzen denken würden, und nicht, dass es solche gibt. Merken Sie den Unterschied? Lassen Sie ihn bitte auf sich etwas länger einwirken.

Diese Art des Denkens folgt einer Tradition und ist damit alles andere als gottgegeben, von Natur aus richtig oder etwa genetisch angelegt. Allen voran war es Aristoteles, der das Denken unbedingt dahin disziplinieren wollte, damit es ausschließlich widerspruchfreies Wissen hervorbringt. Diese Art des Wissens nennen wir seitdem Wissenschaft und die Disziplinierung des Denkens Logik. Die am weitesten verbreitete Logik ist die bipolare, die in Gegensätzen denkt und sich in der Regel für eine der Seiten zu entscheiden hat. Demnach ist Wahrheit gut und Lüge schlecht. Es kann nämlich nicht sein, dass Wahrheit schlecht wäre und die Lüge gut. Das mündet zu 100 Prozent in der Perspektive: entweder – oder. Weil wir diese Logik bereits mit der Muttermilch aufgesaugt haben und sie deshalb für allgemeingültig und objektiv halten, fällt manchen von uns die Akzeptanz meiner Antwort schwer. Wir könnten aber auch andere Regeln gelten lassen, wie z. B. die Sowohl-als-auch- oder die Weder-noch-Regel, nur dann wären unsere Kriterien für die Beurteilung der Ereignisse um ein Vielfaches komplexer, und vermutlich genau das wollten Herr Aristoteles und die ihm nachfolgenden Wissenschaftler vermeiden. Sicher ist sicher, und an sich schon ein sicheres Argument. Wären wir uns der Komplexität der Wirklichkeit bewusst, dann wäre es um ein Vielfaches schwieriger, sagen zu können, was wirklich richtig oder falsch ist. Das wiederum könnte unseren Herrschaftsdrang um einiges verlangsamen, wenn nicht umlenken, was ja bis heute kaum jemand möchte.

Ja und nein

Als Zweites sollten wir uns bewusst werden, dass reine Bejahung oder Verneinung nicht wirklich objektiven Maßstäben folgen können. Wenn Sie jetzt sagen, das Wetter ist schön, und ich Ihnen antworte, nein, es ist zu warm, dann sehen Sie, dass wir uns bereits in persönlichen Welten befinden und nicht in der einen objektiven Welt. Dagegen können Sie sofort einwenden, dass das Wetter und ähnliche Vorkommnisse nun Geschmacksache sind. Einverstanden. Nur: nach welchen Regeln entscheidet wer darüber, was bitte schön »Geschmacksache« sein darf und was nicht? Nach allen Regeln ist das Dach des Hauses vor meinem Fenster rot und der Rasen davor grün. Nach allen Regeln ja, aber nach welcher »Kunst«? Und wie ist es an sich? Für viele ist das Dach rot und der Rasen grün, für mich aber, da ich farbenblind bin, sieht es vermutlich schon etwas anders aus. Für van Gogh oder Cezanne noch unterschiedlicher. Und sind Sie sich wirklich sicher, dass das Rot, das Sie sehen, identisch ist mit dem Rot, das ich nicht sehe? Okay, bei mir handelt es sich um eine Pathologie. Auch gut. Aber wer bestimmt und nach welchen Regeln darüber, was eine Pathologie ist? Ist das auch Geschmacksache? Etwa nicht? Sind allgemein anerkannte Sichtweisen nur, weil sie von einer größeren Anzahl Personen befürwortet werden, automatisch schon objektiv? Nein, das sind sie eben nicht. Eine von Vielen geteilte Ansicht ist eine verbreitete Ansicht und nicht eine objektive Wahrheit. Das ist ein kleiner, feiner, aber eben entscheidender Unterschied. Und selbst wenn alles eben nur Geschmacksache wäre, dann ließen sich die Listen der unterschiedlichen Geschmäcke ins Unendliche fortsetzten. Und genau das meine ich: Es gibt so viele Geschmäcke, also Betrachtungsweisen und Erfahrungen, wie es uns Menschen gibt, von anderen Lebewesen ganz zu schweigen, was eigentlich sehr schade ist. Wenn es aber so viele Meinungen wie Menschen gibt, dann ist alles nur individuell zu betrachten und jeder hätte mit seiner Sichtweise recht und könnte tun und lassen, was er für richtig hält. So jedenfalls das geläufige Gegenargument. Tja, im bestimmten Sinne stimmt das Argument auch, und wir versuchen diesen Paradoxien im Alltag ständig gerecht zu werden. Das Paradebeispiel dafür ist unsere Demokratie. Die Demokratie ist ja nichts anderes als der Versuch, der Individualität und der aus ihr resultierenden Meinungsvielfalt so gerecht zu werden, wie es irgendwie nur geht, und gleichzeitig dafür zu sorgen, dass ein Konsens zustande kommt, damit unter diesen Umständen auch noch ein Miteinander möglich wird. Das Miteinander baut auf Regeln auf, die aber – und das ist der entscheidende Punkt – alle von uns kommen. In den demokratischen Ländern, also dem sogenannten Westen, werden die Regeln von unseren Mehrheiten gemacht und bestimmt. Die Mehrheiten sind aber Versammlungen von uns, den Individuen, weswegen die Klarheit über das, was wir sind, von so fundamentaler Bedeutung ist. Alles in unserer Welt baut auf uns auf. Wer ist aber dieses »Uns«? Wir haben also keine Wahl und müssen in der Frage weiter bohren.

Das Ich: eine Baustelle.
Eltern haften für ihre Kinder

»Nichts ist, dass dich bewegt, du selber bist das Rad,
Das aus sich selber Läuft und keine Ruhe hat.«
Angelus Silesius

Wenn man uns fragt, wann wir geboren worden sind, dann geben wir alle brav das Datum des Ereignisses an, an dem der Fötus den Mutterleib verließ und von da an als Säugling betrachtet wurde. Das ist weitestgehend korrekt bis auf die Tatsache, dass dort weit und breit kein Ich zu sehen war. Also wiederum ein kleiner, feiner, jedoch entscheidender Unterschied. Damit will ich sagen, dass die Ich-Geburt eben nicht ein einmaliger Akt war oder ist, sondern ein komplexer Prozess, der, wie viele komplexe Prozesse auch, von zahllosen Komponenten bestimmt wird, von denen wir, aller wissenschaftlichen Mühe zum Trotz, immer doch nur einen Bruchteil erkennen.

Bereits als Fötus und später als Säugling sind wir die Frucht oder nüchterner formuliert das Ergebnis vieler Wechselwirkungen, genannt Eltern, Familie, Sippe, Nation, Menschheit, Erde oder Kosmos. Und als die Frucht dieser Umstände waren der Fötus und der Säugling – aber immer noch kein Ich! – in eine herrschende Wirklichkeitsbetrachtung hineinerzogen worden. Auch das ist wichtig. Nicht wir, also unser Ich wurde erzogen, denn dann müsste es schon da sein, sondern unser Ich wurde dank der mitgebrachten Voraussetzungen in Wechselwirkung mit dem, was wir Erzieher und Erziehung nennen, erzeugt. Das ist eine Tatsache, und das Rütteln an ihr ist, wenn überhaupt, dann nur im Nachhinein möglich, wenn wir eine bereits bewusste Identität sind. Sie und ich wissen heute, dass wir mal ein Fötus oder Säugling waren. Umgekehrt aber geht das nicht. Der Fötus und der Säugling wissen nicht, dass sie mal ein Er, Sie oder ein Ich sein werden. In 99,99 Prozent aller Familien hielten sich unsere Eltern und Großeltern für realexistierende, fixe und wesenhafte »Ichs«, in den verbleibenden 0,01 Prozent waren sie entweder Erwachte, Heilige, Mystiker oder etwas pathologisch veranlagt. Da in den meisten Fällen die 0,01 Prozent in Klöstern, Einsiedeleien oder Heimen lebte und oft noch lebt, haben diese auch meistens keinen (bewussten) Nachwuchs, so dass ihr unmittelbarer erzieherischer Einfluss weitestgehend unbemerkt bleibt und wir deswegen kaum Erfahrungswerte haben. Die 99,99 Prozent begannen in der Regel während der Schwangerschaft, den Fötus und später den Säugling als Ihresgleichen anzusehen und anzureden.

Ich war zunächst für jemand anders ein Du. Alle redeten so lange auf die Kinder ein, bis sie Antworten bekommen haben. Die ersten Worte wurden natürlich regelrecht gefeiert. In einem weiterhin langen und komplexen Prozess lernten die Kleinkinder Laute, also Worte mit Ereignissen und Dingen zusammenzubringen. Dann, im nächsten Schritt, lernten die Kinder die Worte untereinander so zu verbinden, dass sie nicht mehr einen unmittelbaren Bezug zum Ereignis oder einer Sache gebraucht haben. Das war ein Riesenschritt in der Entwicklung. Das Sprechen-Können ist entstanden und mit ihm die Grundlage des Denkens. Jetzt konnten die Kinder individuelle, aber vor allem auch kollektive Narrationen kreieren, die sie zu Gemeinschaften mit ihrer Umgebung zu einem Ganzen verbinden konnten. Wir wurden ebenfalls ein Jemand und gleichzeitig ansprechbar. Der Preis dafür war eine Art von Entfernung von dem, was gerade so passiert, denn wir lebten fortan in der Sprache, mit ihren Bildern und Geschichten. Wir konnten das immer mehr und immer besser, indem wir unsere eigene Geschichte erfanden und sie in die Bestehenden hineinwoben. Seitdem gibt es uns. Seitdem gibt es mein und dein Ich. Als was? Als eine Geschichte innerhalb anderer Geschichten. Nicht weniger, aber eben auch nicht mehr.

Seitdem und bis ins hohe Alter können wir über Dinge und Ereignisse, aber eben auch von uns und über uns sprechen, ohne dass sich das Gesprochene direkt vor uns befinden und außerhalb der Sprache existieren müsste. Mehr noch, wir können vieles bereden, besprechen und es uns auch sprachbildlich vorstellen, eben weil wir uns nicht mehr im direkten Sehen, Fühlen, Tasten oder Schmecken befinden. Es ist eine sehr interessante Entwicklungsphase, mit so vielen Vor- und Nachteilen, dass kaum jemand in der Lage ist, sie einschätzen, einordnen, geschweige denn verstehen zu können.

Wann aber kam der Moment, an dem der Vorhang hochging und das Ich die Bühne betrat?

Ich bin ich oder die Kunst
der Selbstbehauptung

»Du darfst zu Gott nicht schreien, der Brunnquell ist in dir;
Stopfst du den Ausgang nicht, er fließet für und für.«
Angelus Silesius

Mit dem Ich ist es ähnlich wie mit der sogenannten normalen Körpertemperatur. Auf einer Skala von minus 273 Grad, also dem absoluten Null, bis nach oben offen haben wir uns darauf geeinigt, dass wir bei ca. 36,4 Grad normal sind. Und tatsächlich sind ab und auch unterhalb dieser Temperatur etwa einige Veränderungen und Phänomene zu beobachten, die unser Leben negativ beeinflussen oder gar unmöglich machen.

Der erste Hominide oder Primat nämlich, der zum anderen Hominiden oder Primaten »du Hominide« oder »du Primat« sagte, das war der erste Mensch. Ich weiß, das hilft nicht wirklich, den Punkt zu bestimmen, aber es macht hoffentlich deutlich, dass es den exakten Punkt vermutlich gar nicht gibt, so wie die normale Körpertemperatur nicht exakt und bei allen bei 36,4 Grad liegt.

Das Ich erscheint und betritt die Bühne dann, wenn es von sich selber weiß, dass es existiert. Dieser Punkt ist nicht ganz willkürlich gewählt, aber auch nicht ganz exakt. Es ist die am weitesten verbreitete gemeinsame Ansicht über unsere tatsächliche Geburt. Darin und genau darin liegt aber auch die Krux. Denn folgen wir der Grammatik, dann haben wir es wieder mit bereits zwei Ichs zu tun. Dem einen, das schon da ist, und einem zweiten, das zum Gegenstand des Bewusstseins des ersten wird. Genau das meint nämlich der Satz: Ich bin mir meiner selbst bewusst. Das ist auch der Punkt, an dem in manchen Traditionen die Spekulationen über ein wesenhaftes, tieferes, unsterbliches Selbst losgeht, das unabhängig von unserem zeitlichen und vergänglichen Ich existieren sollte. Ich verwende hier das Wort Spekulation, weil alle, die solch ein Selbst postulieren, den Nachweis seiner Existenz bis heute schuldig geblieben sind. Mehr noch: Eine der bekannteren Weltanschauungen, nämlich der Buddhismus, gründet geradezu auf der Verneinung dieser immer noch sehr verbreiteten Annahme.

Nun bin ich mir ziemlich sicher, dass diese und ähnliche Aussagen viele von Ihnen erneut vor den Kopf stoßen. Das ist leider nichts Neues und hat eine mindestens 2500-jährige Tradition. Und da ein paar wichtige Eckpfeiler meiner Ausführungen zum einen auf dem Zen-Buddhismus und zum anderen auf dem neurobiologischen Konstruktivismus und der Systemtheorie beruhen, die sich unter anderem deswegen so stark ähneln, weil allen die gleiche Annahme zu Grunde liegt, nämlich kein fixes, wesenhaftes und eigenständig existierendes Ich, Selbst oder sonst irgendein sogenanntes Subjekt oder Objekt, will ich Ihnen ein ca. 2500 Jahre altes Gespräch des historischen Buddha mit dem Mönch Phagunna nicht vorenthalten:

»*Da der Erhabene die Existenz einer Seele bestreitet, wer ist es dann, der die Objekte berührt und wahrnimmt?* Der Buddha erwiderte:

Diese Frage ist nicht zulässig ... ich sage nicht er berührt. Würde ich so sprechen, dann wäre die Frage angebracht: Wer berührt, Herr? *So sage ich nicht. Würde man mich, der ich das nicht sage, aber so fragen:* Aus welcher Voraussetzung, Herr, entsteht Berührung?*, dann ist diese Frage zulässig.*«

»*Nicht einmal so viel Seelenexistenz gibt es, Mönch, die dauerhaft, sicher, ewig, unveränderlich, sich ständig gleichbleibend wäre.*«
Samyutta Nikaya

Ich existiere also immer nur dann, wenn die Umstände, Eigenschaften und Qualitäten wie Denken, Erinnern, Unterscheiden oder Wahrnehmen, um nur einige davon zu nennen, derart in ähnlicher Weise miteinander agieren, dass das, was wir Ich nennen, Augenblick für Augenblick in Erscheinung treten kann. Auf Grund der Schnelligkeit des Auftretens entsteht ein Gefühl von Dauer. Das alles klingt an sich unspektakulär, ist aber weder einfach noch unkompliziert, sondern setzt unendlich komplexe Wechselwirkungen voraus, die solch eine Möglichkeit und Fähigkeit überhaupt erst erlauben. Der historische Gautama Buddha wurde sich dieser Wechselwirkungen und damit der Substanzlosigkeit unseres Ichs bewusst, was wir, spätestens seit diesem Ereignis, Erwachen nennen. Er nannte die an der Ich-Entstehung beteiligten Umstände Skhandas und zählte deren fünf auf: Erinnern, Wollen, unterscheidendes Denken, Wahrnehmen und Bewusstsein. Die Skhandas sind ebenfalls nicht substanziell, sondern das Ergebnis anderer Umstände, und so geht es weiter und weiter und weiter. Mit anderen Worten: Irgendwann einmal, mit ca. zwei Jahren, konnte sich unser bis dahin schon etwas besser ausgebildetes Sprachvermögen, und damit auch Denken, auf sich selber beziehen. Das bedeutet konkret und sehr, aber auch wirklich sehr vereinfacht formuliert, dass sich unser Sprachvermögen und damit das Denken mit den körperlichen Empfindungen, Emotionen, Gefühlen, Impulsen und Reaktionen zu identifizieren begann. Das Ergebnis dieser Identifikation war ein immer häufiger sprachlich verwendetes Pronomen: Ich. Ab da war kein Schreien, Hunger, Essen, Trinken oder Laufen mehr, sondern ein »Ich schreie«, »Ich habe Hunger« oder »Ich esse«.

Das »Ich bin« ist ein langsamer, stetig sich verdichtender Prozess. Er dauert nicht ein Leben lang, sondern er ist unser Leben, denn genau die Gleichsetzung »Ich bin dies und das und jenes nicht« möchte aber auch noch etwas anderes sein, macht aus dem offenen Lebensraum mein eigenes und persönliches Leben schlechthin. Die

Grundidentität bildet dabei die Verankerung der Ich-Perspektive im Körper, der zu unserem, ja zu meinem Körper wird. Mit dieser Fähigkeit beginne ich, und mit mir beginnt mein Leben. Vorher also noch nicht und ohne diese Fähigkeit endet es auch, auch dann, wenn der Körper noch länger am Leben bleibt und mich damit sogar überlebt. Gewisse Krankheiten, Alzheimer oder schwere Formen der Demenz, können eben das noch komplexe Zusammenspiel der Eigenschaften so sehr beeinflussen, dass kein Ich mehr erzeugt werden kann und der Körper zwar im Sessel sitzt, aber eben nicht mehr ein Ich.

Irgendwann mal, zwischen anderthalb und zweieinhalb Jahren beginne ich zu sein, und damit beginnt ab jetzt mein Ich-Leben. Dieses Leben beginnt mit der gelernten Fähigkeit, Personalpronomen wie ich, du, er und sie, Reflexivpronomen wie mich, sich und Possessivpronomen wie meins und deins einsetzen zu können und zwar in der Regel so, wie es die Gemeinschaft verlangt und erwartet. Im gewissen Sinne bin ich also da. Im gewissen Sinne gibt es das Ich, also auch mich. Somit stimmt der erste Teil meiner Antwort auf die Frage, ob es das Ich gibt.

Gibt es das Ich?

Wie steht es aber mit dem »Nein« in der gleichen Antwort? Nur weil das, was wir Ich nennen, eine von den komplexen Seins-Eigenschaften erzeugte Fähigkeit ist, sich von Augenblick zu Augenblick als eine Identität zu kreieren, ist dieses ständige sich Erzeugen, eben weil es unter anderem ein Erzeugen ist, überhaupt nicht gleichbedeutend mit der Feststellung, dass das Ich an sich ein substanzielles Etwas wäre. Leider und erfreulicherweise nicht.

Das Ich ist die Fähigkeit, sich von Augenblick zu Augenblick neu zu kreieren.

Damit ist das Ich nicht an sich etwas Substantielles, Unabhängiges und objektiv real Existierendes. Es wäre aber falsch zu sagen, dass es deswegen das Ich nicht gäbe. Einerseits können wir durchaus etwas ausfindig machen, dem wir den Namen Ich geben. Andererseits ist dieses Ich nicht wirklich so greifbar und existent, wie wir uns das gemeinhin vorstellen und wünschen würden. Deswegen war die Antwort ja und nein auf die Frage nach dem Ich durchaus korrekt, wenn auch nicht so eindeutig, wie wir es gerne hätten und wissenschaftlich einfordern möchten.

Es spricht wirklich viel für diese Einsicht, und mit viel meine ich nicht nur die buddhistischen Lehren und andere spirituelle Traditionen, sondern auch die stetig wachsende Zahl der zeitgenössischen wissenschaftlichen Erkenntnisse, die alle mehr oder minder auf die absolute Flüchtigkeit des Ich-Phänomens hinweisen. So gesehen, ist das vom historischen Buddha verwendete Modell der Skhandas immer noch aktuell, wenngleich nicht mehr präzise genug, da wir heute, dank modernster Geräte, eine ganze Menge mehr von ihnen aufzählen könnten.

Mit anderen Worten: Das Geheimnis der Ich-Entstehung und Aufrechterhaltung ist unendlich viel größer, als wir es jemals anzunehmen gewillt waren. Es ist ein wirkliches Wunder und Geheimnis zugleich, dessen Vertiefung und Erforschung seit Jahrtausenden andauert, ohne dass es bislang gelüftet werden konnte. Bis heute beschäftigt das Ich-Phänomen zahllose Wissenschaftler, aber auch sogenannte Mystiker fast aller Traditionen.

Sicher ist nur eins – und das steht als Ergebnis da –, dass es mit dem Ich ganz anders bestückt ist, als wir es im Alltag für gewöhnlich annehmen, und diese Erkenntnis ist für uns von entscheidender Bedeutung.

Der Revolverheld lädt ständig nach

»Gott selbst sieht in den Dingen nur sich.«
Georg Christoph Lichtenberg

Was für einige nach Theorie und schwer verdaulicher Spekulation klingt, ist für andere erkennbares Ringen um die richtigen Worte bei der Beschreibung von Erfahrungen und Einsichten. Viele Berufsphilosophen sprechen in solchen Fällen von spekulativer Mystik, da sie die Gesetzte der bipolaren Logik missachtet. Dagegen freuen sich viele Mystiker oder Praktizierende kontemplativer Techniken, wenn der eine oder andere Aspekt ihrer Einsicht doch noch einen Weg zur Sprache findet und so auf konventionelle Art wenigstens ansatzweise mitgeteilt werden kann.

Für unser Anliegen jedoch, die- oder denjenigen ausfindig zu machen, die oder der die Pistole hält oder zumindest erfunden hat, die oder der uns mit ihr unter Druck setzt und natürlich die oder der sich ständig unter Druck gesetzt fühlt, sieht die Angelegenheit plötzlich ganz anders aus. Wir wurden nicht gefragt, ob wir ein Ich kreieren wollen, denn es war noch keiner da, der gefragt werden konnte. Unser System wurde dazu aufgefordert, es zu tun. Punkt. Wenn also ein Ich in der beschriebenen Weise nicht entsteht, dann sprechen wir nicht von Erwachen oder Erleuchtung, sondern von schwerer Störung und Krankheit. Diejenige Ich-lose Person ist nicht in der Lage, am gesellschaftlichen Leben teilzunehmen. Das meine ich ernst. Die Fähigkeit eine Ich-Identität zu kreieren und stabil aufrechtzuerhalten, ist nicht nur eine, sondern die Grundvoraussetzung sowohl für das alltägliche Leben wie auch für alle möglichen spirituellen Erfahrungen in den gängigen östlichen und auch westlichen Traditionen. Hier berühren wir einen der neuralgischsten Punkte des spirituellen Diskurses schlechthin, der bereits seit mindestens 3000 Jahren andauert und wie folgt betrachtet werden kann:

Weil die Ich-Identität in sich flüchtig und daher leer ist, ist jegliche dualistische Sichtweise nicht wirklich objektiv existent, sondern das Ergebnis des Festhaltens an der Ich-Identität. Im Klartext gesprochen: solange ich glaube der Körper zu sein, das Haus zu haben, die Eigenschaften zu besitzen, solange kreiert sich damit ein Mein-Ich, mich und meins, das sich automatisch als unterschieden und getrennt von anderen Ichs und Sachen betrachtet, versteht und dementsprechend auch handelt. Einheit und Dualität sind damit nicht entgegengesetzte Realitäten, sondern Perspektiven der Wirklichkeitserfahrung. Deswegen bieten gewisse Traditionen wie das Zen einfach nur einen Wechsel der Perspektive. Mehr ist nicht nötig, dieser aber notwendig, um klarer werden zu können.

Was bedeutet das für uns als Revolverhelden oder -heldinnen, also in unserer Alltagsszene? Wir kreieren uns zu solchen Heldinnen und Helden und zwar deswegen, weil jeder von uns unter einem enormen Ich-muss-etwas ganz-Besonderes-Sein-Zwang steht. Dieser Zwang ist es, der aus unserem Leben die besagte Szene macht, in der wir sowohl die Pistole gezielt auf uns selbst richten, wie auch, und manchmal sogar gleichzeitig, die Hände hochhalten. All das sind wir. Die gesamte Szene und nicht nur die einzelnen Akteure. Wenn wir als ein unabhängiges, individuelles Ich gesehen und erkannt werden wollen, dann müssen wir uns zwangsläufig und pausenlos von allen anderen, die das Gleiche erreichen wollen, unterscheiden. Und wie machen wir das? Indem wir versuchen, besser zu sein. Damit ist der Startschuss gefallen. Der Wettbewerb hat begonnen. Kain und Abel betreten die Bühne gleich nach Verlust des Paradieses und haben sie bis heute nicht verlassen. Sie liefern das Motiv für so gut wie alle Stücke im Theater mit dem Titel: Hände hoch!

Angst vor dem Scheitern

Warum ist das so? Und vor allem: Können wir es wirklich ändern? Es ist so, weil wir, wie oben gezeigt, von falschen Voraussetzungen bezüglich unseres Selbst ausgehen. Wir gehen davon aus, dass wir bereits immer schon ein Jemand sind. Komischerweise verhalten wir uns aber so, als wären wir ein Niemand und müssten erst uns und dann allen anderen beweisen, dass wir doch ein Jemand, und dazu noch ein ganz toller Jemand sind. Ist das nicht komisch? Widersprüchlich? Ja, tragisch? Wenn wir doch tatsächlich ein stabiles und substantielles Ich wären, wozu dann die ganze Aufregung mit gezückten Pistolen, Zielen und angstvoll erhobenen Händen? Woher dann die Angst vor dem Scheitern, vor dem Sich-Irren, vor dem Nicht-Gesehen- und Nicht-Anerkannt-Werden? Ist das nicht merk- und denkwürdig? Es passt doch einfach nicht zusammen. Es passt nicht zusammen, was wir über uns glauben, mit dem, wie wir uns täglich präsentieren.

Ich gehe davon aus, dass wir uns bewusst mit unserem Selbstbild übers Wasser der Alltäglichkeit halten, während das ganze übrige System sich gezwungen sieht, alle verfügbaren Kräfte dafür zu mobilisieren, damit dieses Selbstbild auch nur annäherungsweise und zumindest für ein paar Augenblicke tatsächlich erreicht wird. Genau das ist der Grund für den täglichen Stress, unter dem wir die meisten Ziele anpeilen und ab und zu auch einige davon erreichen. Geschieht es, dann werten wir es als den besten Beweis dafür, dass es doch funktioniert, so wir uns nur richtig ins Zeug legen. Das motiviert uns, noch mehr Gas zu geben. Also laden wir die Pistolen mit neuen Vorstellungen und zielen mit ihnen weit über unsere Verhältnisse hinaus, damit wir im Rennen um den ersten Platz tatsächlich endlich mal als Erster ankommen und ihn dadurch, als eine Art Belohnung, für die restliche Dauer des Lebens beibehalten dürfen. Dabei übersehen wir, in der Regel fast immer, dass auch dann, wenn wir die erhoffte berufliche Position, das gewünschte Vermögen oder die ersehnte Beziehung zu einem ganz besonderen Menschen erreichen, dieses Erreichte niemals von Dauer ist, weil es, eben auf Grund seiner Beschaffenheit nicht sein kann. Alles, absolut alles ist flüchtig, konditioniert und unterliegt dem Gesetz der ständigen Wechselwirkungen.

Auch dann, wenn wir das Gesetz der Wechselwirkungen außer Acht lassen würden, weil wir anderen Theorien über die Wirklichkeit folgen möchten oder weil wir der festen Überzeugung wären, sie gelte für alle anderen nur nicht für uns, sehen wir uns mit einer banaleren und doch sehr unangenehmen Situation konfrontiert: Wollen wir nämlich etwas ganz Besonderes haben oder sein, dann sind wir doch nicht die Einzigen, die das wollen und möchten. Leider nicht. Oder haben Sie wirklich geglaubt, der Rest der Ichs schaut seelenruhig und wohlwollend auf unsere Versuche, das zu sein oder zu bekommen, was alle anderen ebenso gerne hätten? In der von uns kreierten Wirklichkeit, also in dem von Kain und Abel geschriebenen Drehbuch, kann es nur dann Gewinner geben, wenn es gleichzeitig auch Verlierer gibt. Deswegen wurde Kain für seinen Brudermord nicht bestraft. Ganz im Gegenteil: Er wurde zum Eigenschutz gezeichnet. Er sollte und musste weiterleben, was er auch bis heute erfolgreich geschafft hat.

Es kann also in unserer Denkweise nur das Gute geben, wenn es gleichzeitig auch das Schlechte gibt. Es ist unmöglich das Eine ohne das Andere denken zu können und haben zu wollen. Je besser wir werden wollen, umso größer muss das Schlechtsein mitgedacht und damit auch kreiert werden, damit der Unterschied zu unserer ausschließlichen Identifikation mit dem Guten überhaupt entstehen kann. Wie denn sonst bitte? Und wer macht den Unterschied? Ist er etwa von Natur aus gegeben? Nein, das ist er nicht.

Ist es uns wirklich nicht bewusst, dass es noch nie einen Krieg oder eine Revolution gegeben hat, die nicht im Namen des Guten und Richtigen geführt worden ist, alle Grausamkeiten die dabei begangen worden sind, inkludiert? Sie waren und sind bis heute immer noch gerechtfertigt, so das Ziel als gut und richtig angesehen wird. Ist das nicht ›ver-rückt‹?

Kain und Abel

Mit anderen Worten: Wir werden hart arbeiten müssen, um manche unserer Ziele zu erreichen. Sind es Ziele, die dem Leben dienen, ist das normalerweise nicht so schlimm. Wirklich schlimm beginnt es dann zu sein, wenn es uns nicht mehr um die lebenserhaltende Sache selber geht, sondern um den Beweis, dass wir besser sind als die Anderen oder als wir selber. So ist beispielsweise sinnvolles Geldverdienen nicht ein Problem. Reich sein zu wollen, riecht aber nach »Besser-sein-Wollen«, und da geht's schon los. Das reicht schon, und schon beginnt das Kain-und-Abel-Szenario. So gesehen werden wir, wie ich schon sagte, viel kreative Arbeit für die sachliche Entwicklung gewisser Projekte verwenden müssen. Und wenn die Projekte wirklich vom Leben gewollt werden, dann haben wir auch im Normalfall den Zugang zur Kraft und das trotz mancher Schwierigkeiten. Es gelingt uns viel häufiger weiterzumachen und das ohne Stress, Druck und Magengeschwüre. Ganz anders verhält es sich mit dem Kampf innerhalb und außerhalb unserer Selbstbehauptung. Hier geht es nicht mehr um die Sache und deren positive Wirkung auf das Leben. Hier geht es um mein Ich und seine Einbildung und um nichts anderes. Versuchen wir uns dadurch ein Gefühl von Dauer zu verschaffen, indem wir glauben, dank besonders großem Vermögen dauerhafte Sicherheit und dank herausragender gesellschaftlicher Position, und der mit ihr verbundenen Anerkennung, alle Selbstzweifel ein für alle Mal ausgeschaltet zu haben, dann haben wir uns auf tragische Weise geirrt. Einen

Großteil unserer Hoffnung setzen wir auf die zweite Variante. Individuell wie kollektiv. Diese Hoffnung ist es, die bekanntlich zuletzt stirbt, uns in diesem Fall sogar überdauern wird, weil sie von unseren Kindern bereits fortgeführt wird und zwar immer dann, wenn sie mal auf Grund einer schlechten Schulnote an sich zu zweifeln beginnen. Wir sind es, die es ihnen mit großem Druck beibringen und täglich selber vormachen.

Unvollendet?

In der Regel geschieht es aber, dass viele von uns sterben, ohne das gewünschte Ziel erreicht zu haben. Die meisten von uns wissen sogar mit der Zeit, dass sie nicht so sein werden, wie sie es sich für sich selbst gewünscht und vorgestellt haben. Und was tun wir dann? Wir beginnen, uns damit zu arrangieren. Vielleicht ist hier der Moment, weswegen manche von uns bereit sind, sich der Vorstellung oder dem Glauben anzuschließen, wonach der Wettbewerb um die wirklich besten Plätze für unser Ich über den Tod hinaus ausgetragen wird und es wahre Belohnung und Erfüllung nur im endgültig stabilen Jenseits geben kann. Das ist wirklich eine Art von Trost, der seit Jahrtausenden funktioniert. Deswegen ist und wird die Tradition weiterhin lebendig sein und bleiben, die das Leben in ein Irdisches und ein Jenseitiges unterteilt. Das irdische Leben ist dem Wettbewerb der Entsagungen und der Ausübung sogenannter guter, also ganz besonderer Taten vorbehalten, welche von der jeweiligen Gemeinschaft als solche festgelegt werden. Und je nachdem können auch Folter und Töten dazugehören.

Auch wenn Sie sich geschockt fühlen sollten, dieses zu lesen, die Geschichte aller Religionen und Weltanschauungen ist voll von solchen Anweisungen, die allzu fleißig befolgt wurden und es immer noch werden. Misserfolge können jetzt geduldet werden, denn wenn nicht hier, dann spätestens im Jenseits wird mein Ziel erreicht und zwar dauerhaft. Dann und dort anstatt hier und jetzt werde ich endlich der oder die sein können, die ich immer schon sein wollte und an dem mich hier, im Diesseits, die Umstände und natürlich die anderen so egoistischen Ichs gehindert haben. Damit erfüllt die Vorstellung vom jenseitigen Leben ihre Aufgabe, unser Ich emotional zu stabilisieren, recht gut. Die Erfüllung der Vorstellungen von Glück und Zufriedenheit folgen nämlich ziemlich genau der jeweiligen kulturellen Problematik und bieten maßgeschneiderte Lösungen für die jeweilige Gesellschaft in ihrer jeweiligen Zeit an. Ewige Jagdgründe, entsprechende Wiedergeburten, Gärten mit angenehmster Begleitung und verschiedene Varianten der Paradiese, sie alle gehören dazu, und es sieht nicht danach aus, dass die Nachfrage nach ihnen nachlassen würde. Ganz im Gegenteil.

Der Wunsch nach Dauerhaftigkeit

Was allen diesen Vorstellungen ebenfalls gemeinsam ist, ist der Wunsch nach Dauerhaftigkeit. Ob in der Hölle, dem Fegefeuer oder Himmel, ob als bessere oder schlechtere Wiedergeburt, im reinen Land oder in einem der Bardos, egal wie oder wo, Hauptsache es geht mit unserem Ich weiter. Unsere Vorstellung davon, dass nicht das zu Ende gehen kann, was nicht zu Ende gehen sollte, nämlich unser Selbstbild, ist einfach zu verlockend, um nicht angewendet zu werden.

Natürlich geht es mir nicht darum, grundsätzlich die Möglichkeit einer wie auch immer gearteten Existenz auch nach dem, was wir als Tod bezeichnen, zu leugnen. In Ermangelung seriöser wissenschaftlicher Expertisen und meiner dazu fehlender Kompetenz einerseits, war ich andererseits bewusst jedenfalls nicht tot, um aus eigener Erfahrung sprechen zu können. Die meisten der uns bekannten Vorstellungen »riechen« aber schlichtweg zu sehr nach Projektionen und sind in der Regel mit der Absicht kreiert worden, das irdische Miteinander einigermaßen unter Kontrolle zu bekommen, was ja zuweilen auch gelungen ist. Ob der Preis dafür nicht doch zu hoch war, ist eine ganz andere Frage und sollte endlich mal gestellt und beantwortet werden. Im vorletzten Kapitel werde ich nochmals ganz speziell auf diese Thematik eingehen.

Seltsam und zunächst nicht attraktiv genug erscheint uns die Tatsache, dass wir nicht wirklich wissend sind; dass der Raum genannt Leben viel geheimnisvoller ist, als wir ihn mit unseren Möglichkeiten erfassen können.

Dass er vielleicht gar nicht erfasst werden will und muss.

Dass er ein Geheimnis bleiben will, damit wir, eine Generation nach der anderen, sich mit ihm aus dem uns Unbekannten ins noch weitere und offenere Unbekannte entwickeln.

Dass wir da sind, um viel mehr das Staunen und die Lebenslust am Entdecken und Erleben lebendig zu halten, und er, der Lebensraum den besten aller denkbaren Gastgeber repräsentiert?

Warum können wir uns nicht damit abfinden, dass wir ein wundervolles Geheimnis sind inmitten anderer wundervoller Geheimnisse, die wie russische Puppen ineinanderstecken und wir höchstens unsere und vielleicht noch eine andere der Puppen zu Gesicht bekommen können, wissend um die Fülle und die Anwesenheit all der andern? Auch das bleibt ein Geheimnis …

Wir können uns in dem Offensein üben. In der gegenwärtigen offenen Präsenz, in der alle unsere Identitäten stattfinden, und die weiterhin offen, frisch und unversehrt anwesend ist, »gleich-gültig« was und wann in ihr und aus ihr heraus auftaucht.

Für uns müsste jetzt etwas klarer sein, was die Szene mit unseren erhobenen Händen an sich bedeutet. Sie kann nämlich unser ganzes Leben bedeuten, so wir nicht wirklich zu dem erwachen, was ist.

Es spricht manches dafür, dass wir uns in einigen der Grundannahmen über uns selbst und über die Beschaffenheit der Wirklichkeit hartnäckig weigern, genauer zu sehen, wie es ist. Stattdessen folgen wir halb blind und halb aus Bequemlichkeit der anerzogenen Haltung und wundern uns immer noch, dass es uns nicht besser geht. Wie denn auch. Denn wie Albert Einstein bemerkte, besteht die größte Dummheit von uns allen darin, andere Ergebnisse als die bisherigen zu erwarten, ohne die Grundhaltung ändern zu wollen. Wenn wir also immer noch darauf beharren wollen, dass es uns so gibt und geben muss, wie wir uns das wünschen und vorstellen, dann müssen wir auch damit leben können und wollen, dass wir uns weiterhin und mit immer besser und perfider ausgefeilten Methoden gegenseitig dazu zwingen und bringen werden, alles, aber auch wirklich alles, der absoluten Dominanz des Ich-Imperativs unterzuordnen. Dann ist die Szene mit unseren erhobenen Händen eben nur ein Kader im lebenslangen Film des Müssens, Nicht-Dürfens und Hoffens. Und je nach Blickwinkel und Tagesform bemerken wir die Pistole in unserer Hand, in der Hand einer anderen Person, halten irgendwie auch noch die Hände hoch, wollen fliehen, aber auch verfolgen und jagen. Alles ist gleichzeitig und sehr wichtig und doch nicht wirklich und schon gar nicht real.

Kommt Ihnen diese Beschreibung bekannt vor? Ein Leben voller Angebote und Möglichkeiten und dabei irgendwie leer und sinnlos zugleich? Wenn ja, können Sie auf weitere Details und Perspektiven gespannt sein. Das war erst die Ouvertüre.

Die (Un-)Möglichkeit einer Paarbeziehung

»Man liebt weder Vater noch Mutter noch Frau noch Kind,
sondern die angenehmen Empfindungen, die sie uns machen;
es schmeichelt immer etwas unserem Stolze und unserer Eigenliebe.«
Georg Christoph Lichtenberg

Die allermeisten Freuden, aber auch die allermeisten Enttäuschungen und Frustrationen erleben wir im Zusammenhang mit unseren Beziehungen. Es gibt in unserem persönlichen Leben, wie auch in unserer Kultur, eine Vielzahl unterschiedlichster Beziehungsarten und innerhalb dieser nochmals eine ganze Menge Varianten. Mit anderen Worten: Jeder von uns kann nahezu uneingeschränkt die Art von Beziehung leben, die sie/er für gut und richtig hält.

Ab der Pubertät etwa beginnt, sich eine besondere Art von Beziehung in den Vordergrund zu stellen, und erobert in den darauffolgenden Jahren in der Regel den ersten Platz innerhalb unserer Gewichtung der Beziehung: Es ist die Paarbeziehung.

Die meisten unter uns hatten, haben oder wollen eine Paarbeziehung leben. Und auch diejenigen, die vieles dafür tun, eine Paarbeziehung zu vermeiden, leben weiterhin einen großen alten Beziehungsschmerz fort und geben dadurch der alten Beziehung weiterhin eine große Bedeutung in ihrem Leben. Was ist es also, dass die Paarbeziehung so attraktiv macht? Wie schafft sie es nur, trotz aller herzzerreißender Misserfolge sich dauerhaft unter den ersten drei unserer Wunschliste zu halten? Und vor allem: Weswegen ist sie der Ort, an dem wir die Szene mit den erhobenen Händen als eine Art Seifenoper etabliert und damit akzeptabel gemacht haben?

Ich werde das Geheimnis ganz sicher nicht lüften können, aber vielleicht gelingt es mir, ein paar Erfahrungswerte zu beschreiben und so zusammenzustellen, dass wir die Hände, anstatt sie so häufig über dem Kopf halten zu müssen oder mit ihnen die Pistolen mit Ansprüchen und Erwartungen zu laden, doch noch für einige angenehmere oder nützlichere Tätigkeiten einsetzen können. Das wäre schon viel.

Ich habe Lust oder die Lust hat mich?

»Halt an, wo läufst du hin, der Himmel ist in dir;
Suchst du Gott anderswo, du fehlst ihn für und für.«
Angelus Silesius

Beginnen wir also mit dem Anfang. Und der Anfang war und ist, wie wir ja alle wissen, das Leben. Dieses entfaltet sich aber nicht immer durch Teilung, sondern in unserem Fall durch einen sogenannten Zeugungsakt. Von ein paar modernen Methoden mal abgesehen, wurden und werden die meisten von uns immer noch sehr klassisch gezeugt. Klassisch klingt zu sachlich und wird dem Ereignis nicht mal ansatzweise gerecht. Ich weiß es. Es müsste und soll auch heißen: lustvoll, ekstatisch, vereint im Liebesakt – schon besser, oder? Und ich meine es auch wirklich so. Denn stellen Sie sich vor, der Zeugungsakt würde uns keinen Spaß machen. Glauben Sie wirklich, wir hätten heute so viele Probleme mit der Überbevölkerung? Das Gegenteil wäre der Fall, und vermutlich würden wir fast alle heute nicht da sein, weil schon vor Jahrhunderten keiner so wirklich Lust und Freude gehabt hätte, nach einem schweren Arbeitstag auch noch eine Zeugung hinzubekommen. Es gibt uns also, weil die Lust da war. Das ist wichtig, sehr wichtig sogar. Die Lust war da, tauchte auf und überkam uns und zwar in der Regel paarweise. Die Paar-Regel hat weniger mit der Lust, vielmehr aber mit der Prokreation, also der Erzeugung von Nachkommen, zu tun, wie das Leben es ebenso vorgesehen hat. Jedenfalls bis heute. Denn die Lust an sich – und das wissen oder zumindest vermuten wir alle – kennt kaum Grenzen, und sie lässt sich auch nicht auf zeitliche Dauer und einzelne Personen festnageln. Die Einzelheiten muss ich Ihnen leider ersparen, denn das ist ein ganz anderes, durchaus empfehlenswertes Buchgenre.

Auf was ich hinauswill, ist die Tatsache, dass wir uns in den allermeisten Fällen als Paare zusammentun, weil wir damit einer geheimnisvollen Anziehungskraft folgen. Das Interessante dabei ist, dass bei der Partnerwahl unsere viel gerühmte freie Entscheidungskompetenz so gut wie gar keine Rolle spielt. Mehr noch, sie wird nahezu gänzlich ausgehebelt und zwar durch die Anziehungskraft höchst persönlich. Trieb, Hormone, Lust, Liebe, wir verwenden für das Ereignis sehr viele Bezeichnungen, und auf einige komme ich gleich noch zu sprechen. Wichtig ist mir zunächst der Hinweis, dass nicht wir die handelnden Subjekte sind, sondern wenn wir hier überhaupt welche sind, dann eher die Ausführenden. Das bedeutet, dass wir nur vielleicht und mit großer Anstrengung verbunden der Anziehung und der Lust widerstehen können. Wir haben aber überhaupt keine Wahl, ob, wann und auf wen gerichtet sie in uns auftaucht. Denken Sie bitte an die Ausführungen zum Ich im vorangegangenen Kapitel. Das gern gesehene, selbstständige und eigenständige, über sich und alles andere entscheidende Ich hat sich entpuppt als Folge komplexer Umstände und deren Wechselwirkungen und eben nicht als deren Schöpfer. Hier erleben wir gerade das Paradebeispiel für unsere Selbstüberschätzung.

Wenn die Lust auftaucht, dann hat sie und ihre Anziehungskraft uns fest in ihrem Griff und nicht wir sie. Deswegen leuchtet auch ein, dass die meisten moralischen Gesetze Verbote und eben nicht Gebote sind. Ich kann mich zwar darin üben, die Lust temporär zu unterdrücken, aber was ich nicht kann, ist, sie willentlich auf den Plan zu rufen oder auch verschwinden zu lassen. Kontrolle, Unterdrückung oder Verdrängung sind immer schon Reaktionen und nicht Aktionen eines darüberstehenden Subjekts. Im Übrigen verfügen die meisten etwas komplexer entwickelten Lebewesen über solche Mechanismen, denn diese Fähigkeiten haben sich als sehr hilfreich innerhalb des Zusammenlebens in Gruppen erwiesen und wurden wohl auch deswegen von der evolutionären Weitergabe bevorzugt behandelt.

Stellen Sie sich aber umgekehrt vor, wir hätten ein Gebot: Du sollst Lust empfinden. Wie kämen wir ihm nach? Willentlich und auf den Knopfdruck einer sogenannten Entscheidung wohl gar nicht. Das funktioniert einfach so nicht. Im Sturm der Lust sind wir eine oder mehrere Astbewegungen. Die Äste verursachen aber weder den Wind, noch bestimmen sie den Zeitpunkt seines Aufkommens noch seine Richtung. Wir nehmen ihn wahr, und wenn es halt nicht passte oder verboten war, dann hielten wir uns, so fest es eben ging, an den Ast der Angst, um den möglichen Folgen, meistens in Form irgendeiner Strafe, entgehen zu können. Das, was wir für gewöhnlich unter dem freien Willen verstehen möchten, taucht in solchen entscheidenden Situationen komischerweise nicht auf. Weswegen wohl? Also: Wir haben es mit der Urgewalt der Lust des Lebens an sich selbst zu tun, was wir mit dem Namen Fortpflanzung zu verharmlosen versuchen, um wenigstens einen Rest von Kontrollgefühl retten zu können.

Für das zeitgenössische Verständnis der Paarbeziehung ist noch ein anderer Moment sehr wichtig. In meiner Wahrnehmung ist er eine Art von Wendepunkt. Im Laufe unserer Entwicklungsgeschichte haben wir es vermocht und auch geschafft, die Lust und die Sexualität von der Prokreation weitestgehend zu entkoppeln. Den Prozess können wir noch bis heute daran erkennen, dass einige Religionsgemeinschaften gerade diese Entkoppelung für moralisch unvertretbar halten, da sie, ihrer Überzeugung nach, unserer Natur widersprechen würde. Wie aber der Primatenforscher Frans de Waal eindrucksvoll zeigen konnte, setzen beispielsweise die Bonobos Sexualität nicht nur zur Fortpflanzung ein, sondern ebenfalls in einer ganzen Reihe unterschiedlicher und für das Zusammenleben der Herde wichtiger Situationen, die mit der direkten oder indirekten Fortpflanzung nichts zu tun haben. Zwischen einer nur auf die Fortpflanzung fokussierten Sexualität und einer zügellosen Lust, um das häufig vorgebrachte Gegenargument mal zu benennen, gibt es also ein uraltes, bereits vor unser Spezies existierendes weites Feld an kreativen und konstruktiven Möglichkeiten, die wir erst seit einigen Jahrzehnten langsam zu entdecken beginnen und sie auch noch wagen, im täglichen Erleben zuzulassen. Das ist, wenn man unsere kulturelle Herkunft betrachtet, ein durchaus mutiger Schritt, für den viele Menschen vor noch nicht allzu langer Zeit teuer zu bezahlen hatten.

Für das Verständnis der Paarbeziehung von heute sind Lust, Sexualität, Zärtlichkeit und andere Formen der Intimität ein sehr wichtiger Bestandteil des Zusammenseins und haben immer seltener direkt mit dem Akt der Zeugung zu tun. Durch die massenhafte Verbreitung wirksamer Antikonzeptiva hat sich diese Tendenz nicht nur ausgeweitet, sondern wohl endgültig etabliert. Auch ältere Personen oder Paare erleben Sexualität und Intimität weit ins hohe Alter hinein, was für sie zur sprudelnden Quelle des gelebten, weil immer neu erlebten Zusammenseins einfach dazugehört.

Heiraten?

»Man muss sich die Menschen nach ihrer Art verbindlich machen,
nicht nach der unsrigen."«
Georg Christoph Lichtenberg

Es ist eine Neuheit, die Paarbeziehung von einer Ehe zu unterscheiden und zu trennen. Das können wir daran erkennen, dass die meisten unserer Großeltern, die Bezeichnung Partnerin oder Partner nicht in ihrem Wortschatz geführt haben. Ich kann mich auf jeden Fall nicht daran erinnern, meine Oma jemals von ihrem Partner sprechen gehört zu haben. Die heutigen Omas und Opas tun das natürlich viel häufiger, sind aber in der Regel Kinder der Nachkriegszeit. Noch zwei Generationen vor uns war die Ehe die ausschließliche Form des Zusammenlebens von Mann und Frau, da gleichgeschlechtliche Beziehungen, wenn überhaupt, dann nur im Untergrund geduldet wurden. Zusammensein zu wollen, bedeutete, eher als später zu heiraten, und zu heiraten bedeutete, Kinder zu bekommen. Man war ja zusammen, um eine Familie zu gründen, und Familie ohne Kinder galt als Ausnahme. Sich bewusst gegen Nachkommen zu entscheiden und dieses auch noch nach außen als Lebensmodell zu kommunizieren, war nahezu undenkbar gewesen. Das war der allgemein gelebte Lebensentwurf für alle, die nicht gerade ins Kloster gehen wollten oder mussten oder allzu erkennbar ungeeignet für das eine wie für das andere waren.

Eine Paarbeziehung im heutigen Sinne bedeutet vor allem eines: Augenhöhe. Das Wort Partner oder Partnerin kommt ja nicht aus dem Bereich der Intimbeziehung, sondern aus dem geschäftlichen Kontext, weil eben dort bereits eine gleichberechtigte, auf Augenhöhe stattfindende gemeinsame Unternehmung seit der späteren Neuzeit lebbar geworden war. Damit so etwas auch aus einer klassisch-hierarchisch verstandenen Ehe werden konnte, musste die Rolle beider Geschlechter, also nicht nur die der Frau, sondern auch die des Mannes neu definiert werden. Dieser Prozess dauert immer noch an. Wir sind dieser Prozess. Die groben, damit meine ich die juristischen und gesellschaftlichen Grundvoraussetzungen haben wir weitestgehend festgelegt. Das war wichtig, jedoch nicht ausreichend. Die Feinjustierung findet heute immer noch statt. Sie geschieht in der Art, wie Sie und ich gerade jetzt unsere Beziehungen leben und gestalten. Das ist der Ort des Geschehens. Wir sind bereits mitten drin. Von unserem Mut und Verhalten hängt es ab, ob sich ein paar neue Modelle als lebbar erweisen werden oder nicht. Ich gebe mal ein paar Beispiele: Heirat und Ehe sind nicht falsch oder out. Sie waren mal das einzige Modell des Zusammenlebens gewesen, sind heute »nur« eines der möglichen, aber eben nicht mehr »das« Modell schlechthin. An diesem Punkt angekommen müssen wir einen weiteren Unterschied vollziehen und zwar den zwischen einer Ehe, Paarbeziehung und Familie. Wie bereits beschrieben, waren sie bis vor einigen Jahrzehnten nahezu identisch und deswegen auch sprachlich kaum differenziert. Heute sehen und erleben wir, dass die Bezeichnungen ganz unterschiedliche Vorstellungen und Erwartungen mit sich bringen, und werden diese bereits zu Beginn einer Beziehung nicht klar kommuniziert, kann das zu bösen Überraschungen führen. Beispielsweise liegt aus meiner Sicht der Schwerpunkt beim Modell »Familie« darin, gemeinsam Kinder großzuziehen. Beim Modell Ehe liegt der Schwerpunkt eher auf der hohen und auf Dauer angelegten Stellung der Zweierbeziehung.

Hier spielen Aspekte wie Zusammenleben und Treue für beide Partner eine wichtige Rolle. Ist man sich darüber einig, kann das eine gute Basis bilden. Die Bezeichnung Paarbeziehung ist die neueste und damit noch am wenigsten mit festen Inhalten belegt, damit sie zum jetzigen Zeitpunkt bereits allgemeinere Tendenzen erkennen lassen könnte. Und vielleicht ist das gerade ihre Besonderheit, dass nämlich die Bezeichnung »Paarbeziehung« gerade den individuellen Gestaltungsrahmen für jedes Paar offenhält, sodass es nicht die standardisierte Form einer solchen geben muss.

Unverkennbar bleibt aber unser Wunsch nach standardisierten Modellen, da sie die Funktion haben, Stabilität zu erzeugen, um uns etwas im sicheren Fahrwasser ausruhen zu können, bevor wir dem Leben zu neuen Formen weiter folgen können.

Die Entwicklung und Entfaltung des Lebens scheint sich auch darin zu manifestieren, dass die vom Leben selbst hervorgebrachten Möglichkeiten nicht immer und prinzipiell unterdrückt werden, sondern immer wieder dann zur Geltung kommen, wenn sie dem Leben selber dienen. Gerade hier erleben wir die meisten Konflikte sowohl in und mit uns selber als auch mit unseren Partnerinnen und Partnern, sei es in der Ehe, Familie oder einer neu zu definierenden Partnerschaft und der Gesellschaft, deren Teil unsere Modelle sind. Um das Bild und die eh schon nicht einfache Aufgabe abzurunden, müssen wir noch alle unsere Konditionierungen und Charaktereigenschaften hinzunehmen, die viel mit Verdrängungs- und Projektionsmustern zu tun haben. Sie sind ja sowieso von Anfang an dabei. Sie sind es auch, die schon bei der Partnerwahl das entscheidende Wörtchen mitzureden hatten. Sie sind es auch, die in der Regel dafür sorgen, dass aus unseren Erwartungen und Wünschen hartnäckige Vorstellungen und Forderungen werden, die einer Pistole gleich die Beziehung sehr schnell in ein Duell verwandeln, in dem nicht immer die oder der andere bereit ist, die Hände hochzuheben, überwältigt von der Richtigkeit der scharf geschossenen Argumentationsserie. Deswegen lohnt es sich, einen gesonderten Blick auf sie zu werfen.

Ich liebe dich! Ich hasse dich!

»Wer liebt zweifelt an nichts oder an allem.«
Honoré de Balzac

Versetzen Sie sich mal bitte in folgende Szene: Sie sind unsterblich verliebt und haben sich mit der geliebten Person um acht ins Kino verabredet. Da Sie sehr verliebt sind, können Sie das Treffen kaum erwarten und sind schon um halb acht vor dem Kino. Etwas ungeduldig schauen Sie immer wieder auf die Uhr. Um viertel vor acht denken Sie, dass die/der Andere schon mal da sein würde, hätte sie/er sich genauso gefreut wie Sie. Die geliebte Person erscheint aber nicht. Fünf vor acht finden Sie das nicht mehr lustig und rufen an, unter dem Vorwand schon mal die Tickets kaufen zu wollen. Natürlich nimmt keiner ab. Das schmerzt Sie. Der Ärger in Ihnen nimmt beträchtlich zu und wird zur Wut. Um acht macht die Wut der Angst Platz: Da musste doch was Ernsteres passiert sein, sonst würde er/sie sich doch melden! Um fünf nach acht ist sie/er gestorben. Unfall, Herzinfarkt …, um zehn nach acht kommt sie/er Ihnen entgegengelaufen, entschuldigt sich wegen der Verspätung, das Übliche eben, Parkplatzproblem, leere Handybatterie, und wie das halt so manchmal ist, alles kommt plötzlich zusammen. Sie strahlen und sagen: Macht doch nichts.

Ihre Antwort war vermutlich die erste bewusste Lüge in der neuen Beziehung und das gleich beim ersten Date. Nicht schlecht für den Anfang und angesichts der üblichen guten Vorsätze, bei der nächsten Beziehung von Grund auf ehrlich sein zu wollen. Es hat nämlich schon was mit Ihnen gemacht und ziemlich viel sogar. Innerhalb der vergangenen vierzig Minuten haben Sie im Schnelldurchlauf die wichtigsten neuralgischen Punkte Ihrer Konditionierung durchlaufen, und was nun wirklich das Wichtigste ist, Sie haben fast ausnahmslos alle Emotionen auf die neue Partnerin oder den Partner projiziert, das heißt, dass Sie ihn oder sie letztlich für Ihr so dramatisches Erleben verantwortlich gemacht haben. Noch weiß er/sie nichts von seinem Glück. Alles nur eine Frage der Zeit. Natürlich sind Sie beim ersten Treffen sehr großzügig, aber spätestens bei der dritten Wiederholung werden Sie sich Folgendes sagen hören: Und das nennst du Liebe? Wenn du mich wirklich lieben würdest, dann wäre ich dir wenigstens einmal wichtiger als die anderen Termine ... ist doch wirklich nicht zu viel verlangt, oder?

Nicht haben, sondern sein

Ist es nicht interessant, dass wir, auch mit fünfzig und mehr Jahren Lebenserfahrung auf dem Buckel, vor zwei Wochen noch ein normales Leben führen konnten, und jetzt geraten wir in ernste Lebensgefahr, nur weil eine uns noch gar nicht besser bekannte Person zu spät zum Treffen kommt? Spätestens jetzt sollte uns klar sein, dass Lust, Hormone, das Füreinander-Dasein, gemeinsame Interessen und all die schönen Vorstellungen vom gelungenen Leben zu zweit nicht annäherungsweise alle Impulse in uns abbilden, die in solcher Situation am Steuer sitzen. Leider. Wer und was ein wichtiges Wörtchen mitzureden hat, sind alle unsere Ängste, die mehr oder minder auf kleinere oder größere Traumata zurückzuführen sind, die wiederum unsere Tendenzen, sich zu organisieren, grundlegend beeinflusst haben. Ich halte es für eine Illusion zu glauben, wir könnten sie wirklich ein für alle Mal wegtherapieren. Wir haben diese Tendenzen nicht, wir sind diese Tendenzen. Unser System hat sich innerhalb dieser konkreten Erlebnisse ausgebildet, und es hat die erlebten Ereignisse gemeistert, sodass wir jetzt noch da sein können. Wichtig ist – und hier können wir der östlichen wie auch der westlichen Forschung dankbar sein –, dass wir in immer größerem Umfang darüber Klarheit erlagen, wie unser System, genannt Ich, sich aufbaut und lebt. In diesem Zusammenhang ist wohl eines der wichtigsten Erlebnisse, dass wir in völliger Abhängigkeit von unseren Müttern geboren und groß geworden sind. Als Fötus waren wir zunächst ein paar Zellen innerhalb ihres Körpers, und nach der Geburt waren wir gänzlich von ihrer Aufmerksamkeit abhängig, weil es uns nicht möglich war, sich alleine auch nur vom Bauch auf den Rücken umzudrehen, von allen anderen und komplexeren Bewegungen oder Bedürfnissen ganz zu schweigen. Alle anderen Lebewesen können bereits kurze Zeit, also Stunden oder Tage nach ihrer Geburt, aufstehen, nach Nahrung suchen oder fliehen. Uns Menschen sind diese Bewegungen über viele Monate, wenn nicht Jahre, selbstständig nahezu unmöglich.

Was ist also die in diesem Zusammenhang am häufigsten und am stärksten ausgeprägte Angst? Mit größter Wahrscheinlichkeit ist es die Angst, abgelehnt und verlassen zu werden. Denn aus der Sicht des Säuglings ist Ablehnung oder Verlassenwerden gleichbedeutend mit dem Tod. Das spürt jedes Lebewesen intuitiv und wir, eben wegen der so lange anhaltenden Abhängigkeit, vermutlich am längsten. Und wie organisiert sich unser System angesichts möglicher Ablehnung oder im Zustand der Verlassenheit? Es reagiert mit Angst. Und Angst ist entgegen unserer gewohnten Einschätzung eben nicht ein Gefühl, sondern, wie der lateinische Name *angustus* schon sagt, die psychosomatische Fähigkeit sich enger zu machen, sich ganzkörperlich zu kontrahieren. Über diese Fähigkeit verfügen so gut wie alle Lebewesen. Wofür tun die Systeme es so blitzschnell? Neben vielen Vorteilen liegt für uns Menschen der wichtigste darin, dass die Schmerzempfindung durch die Anspannung verringert wird. Dank der starken Kontraktion nimmt das System einfach weniger vom Schmerz wahr. Das ist, wie gesagt, der Vorteil. Es hat aber auch einen Nachteil. Dieser besteht darin, dass wir die Kontraktion eben nicht selektiv vollziehen können, sondern dass im Zustand der Kontraktion unser System einfach generell weniger wahrnimmt, damit auch das, was zur gleichen Zeit nicht schmerzt, schön ist und uns unterstützt.

Das bedeutet wiederum, dass wir mit zunehmender und mit anhaltender Kontraktion einfach unempfindlich sind für alles, was auch noch da ist. Und das, was eben auch noch da ist, ist viel, sehr viel mehr, als das, was uns gerade den Schmerz verursacht.

Weil die stark kontrahierte Haltung von einer ganzen Reihe beklemmender Gefühle begleitet wird, war sie in der Kindheit kaum zu ertragen. Allerdings waren unsere damaligen Handlungsmöglichkeiten mehr als beschränkt. Wir wurden wütend, konnten schreien und, wenn keine Hilfe kam, dann waren wir eben verlassen und intuitiv dem Tode nahe. Irgendwann mal schliefen wir vor Erschöpfung ein. Das ist, was die vermutete Perspektive eines Säuglings angeht, wirklich keine Übertreibung.

Nun aber sind die Gefahren von damals längst vorüber. An die meisten erinnern wir uns nicht mehr, da sie zu einer Zeit geschahen, in der unser mentales Gedächtnis noch nicht ausgeprägt war, also in den ersten Monaten unseres Lebens. Nichtsdestoweniger scheint unser System über ganz andere Erinnerungsmöglichkeiten zu verfugen als die Mentalen. Und diese sind nicht nur unbewusst, sondern auch noch so schnell wirksam, dass bei der kleinsten heutigen Ähnlichkeit mit damals das ganze Abwehrprogramm von damals ebenfalls hochgefahren wird. Und genau das konnten Sie oder ich vor dem Kino erlebt haben.

Wird die von uns gerade geliebte Person weiterhin durch ihr unbeabsichtigtes, ganz normales und nachvollziehbares Verhalten diese wunden Punkte in uns berühren, müssen wir damit rechnen, dass unser System genau das tun wird, was es schon immer in solcher Situation der »existenziellen Verlassenheit« getan hat. Ganz gleich, ob das jetzt passt oder nicht. Und auch dann, wenn es eben nicht passt, werden wir uns schon ganz sicher die eine oder andere Erklärung einfallen lassen, warum das jetzt eben so schlimm ist und auf jeden Fall von ihr hätte vermieden werden können, wenn nicht gar müssen, was wir ja mit Liebe gleichsetzen. Wir werden ungern offen zugeben, dass wir gerade dem Tod ins Angesicht geschaut haben. Was wir aufgebracht erzählen werden, ist, welche großen Sorgen wir uns um sie oder ihn gemacht haben, um dadurch zu demonstrieren, wie sehr wir sie doch lieben. Und genau damit sind wir bereits in der Zwickmühle des üblichen Beziehungsdramas, in dem die Aussagen »Ich brauche dich« oder »Ich kann ohne dich nicht leben« synonym für die Aussage »Ich liebe dich« stehen und wir seit Jahrhunderten, wenn nicht länger, auch in unserer Kultur die Meinung vertreten, genau diese Emotionen, Gefühle und Reaktionsweisen wären der beste Beweis für die Anwesenheit der ganz großen Liebe. Fakt ist, dass wir mit dieser Haltung am ehesten in der Krippe, höchstens aber im Kindergarten, einigermaßen gut aufgehoben wären. Deswegen sind auch die meisten Liebeslieder oder Filme, von damals wie von heute, emotional und sprachbildlich ungefähr in dieser Altersperspektive angesiedelt. Dort wird durchwegs behauptet, dass man ohne die andere Person nicht leben könnte; dass man den Tag ohne sie nicht überleben würde; und wenn es dazu kommen sollte, dass sie uns verlassen oder sich in jemanden anderen verlieben sollte, wir für unsere Taten, darunter natürlich Mord, alternativ Selbstmord, mindestens aber die ganze Bandbreite ausgeklügelter Arten der Körperverletzung bis hin zu Folter, nicht mehr garantieren können.

Das alles ist natürlich mehr als genug Munition, die immer noch in den Depots unserer Systeme lagert. Das meiste davon schussbereit. Deswegen ist es so hilfreich, wenn wir lernen, uns selber mit sehr viel mehr aufmerksamer und wohlwollender Präsenz zu begegnen. Dabei ist es hilfreich herauszufinden, welche Emotion unter welchen Umständen wirklich entstanden ist, damit wir unsere Partnerin oder unseren Partner nicht ständig ins eigene unverarbeitete Unbewusste hineinziehen und dort unter Anklage stellen, nur weil das für uns viel einfacher ist, als sich endlich mal der eigenen Geschichte zu stellen, die alten Schmerzen persönlich anzunehmen und sie endlich mal als das zuzulassen, was sie mal waren. Das und nur das ist der Weg zur Entkoppelung des Alten von dem, was tatsächlich jetzt geschieht.

Tun wir es aber nicht, fallen bei der (Un-)Möglichkeit einer Paarbeziehung eher als später die Klammern weg und sie wird nur noch schwer lebbar sein. Die aus unseren Mustern heraus abgegebenen Schüsse und die daraus kontinuierlich entstehenden Gegenschüsse, Verletzungen und Schutzmaßnahmen zwingen uns nicht nur, die Hände hochzuheben, sondern führen unweigerlich dazu, sehr häufig die weiße Fahne der Kapitulation zu schwingen.

Eifersucht

*»Eifersucht ist eine Leidenschaft, die mit
Eifer sucht was Leiden macht.«*
Johann Wolfgang Goethe

Innerhalb unseres Waffenarsenals, dessen Existenz wir natürlich niemals zugeben würden, befindet sich noch eine ganz besondere Art von Waffe. Ich nenne sie die Mine. Sie ist nämlich auf den ersten und auch noch auf den zweiten Blick unsichtbar. Ganz plötzlich jedoch explodiert sie mitten im normalen Geschehen. Ein Blick, ein harmloses Telefonat, ein Zuspätkommen und schon ist man auf sie getreten, und für einige Momente fliegt uns unsere Beziehung um die Ohren.

Aus was besteht denn das »Minenfeld« und weshalb ist es so bedrohlich für unsere Beziehung? Also, erinnern Sie sich bitte nochmals kurz an die Wunden, die in uns durch verschiedene Variationen von Ablehnung und Verlassenheit entstanden sind. Die Eifersucht ist eine Weise, sich erneut gegen den alten Schmerz des nicht Betrachtetwerdens zu schützen. Warum aber tat das Nicht-Beachtetwordensein so weh? Auf diese Frage gibt es leider keine hundertprozentige Antwort. Aus unseren bis heute wirksamen Verhaltensweisen können wir nur Rückschlüsse ziehen. Ein Interview mit Säuglingen und sehr kleinen Kindern ist leider immer noch kaum möglich. Also schauen wir uns mal die Phänomenologie der Eifersucht genauer an: also die Art und Weise, wie wir sie als Erwachsene erleben. Eifersucht zeigt sich immer dann, wenn die von mir geliebte Person auf eine andere schaut oder in mir die Vermutung hochkommt, dass sie es tut oder, auch das reicht schon häufig, tun könnte. Was ist aber der schmerzhafte Punkt an dieser unvermeidbaren alltäglichen Tatsache? Der Punkt ist der Schmerz, den mein System als dringendes, also sehr starkes Warnsignal zu senden beginnt, weil es zu bemerken glaubt, dass sich die Aufmerksamkeit der für mich als überlebenswichtig eingestuften Person einer anderen zuwendet und sich deswegen im gleichen Augenblick von mir abwendet. Das konnte ich damals nicht ertragen und deswegen auch nicht zulassen. Das kann ich auch jetzt nicht zulassen. Diese Bedrohung ist einfach unerträglich.

Ein Minenfeld alter Gefühle

Okay. Das mag so sein, nur eines stimmt in all den Begründungen nicht: der Gegenwartsmodus. Als Baby oder Kleinkind war die garantierte Fokussierung meiner Eltern, vor allem die meiner Mutter auf mich, die Garantie schlechthin für mein Leben und Überleben. Deswegen haben wir die Geburt von dem so süßen Geschwisterchen gehasst, denn sie war unweigerlich damit verbunden, dass die Aufmerksamkeit für mich geringer wurde, ganz gleich wie oft die Mama bekundete, dass sie uns alle zwei oder drei genauso stark lieben würde. Konkurrenz ist einfach Konkurrenz, und damit mindestens einer zu viel, und der bin auf jeden Fall nicht ich. Erleben wir also in unserer heutigen Beziehung starke Anfälle von Eifersucht, dann können wir uns ziemlich sicher sein, dass wir uns in diesem Augenblick in einer ganz anderen Szene unseres Lebens befinden. Und es lohnt sich wirklich, dieses Schmerzgefühl und die mit ihm einhergehende Bedrohung der eigenen Vernichtung direkt mit viel wohlwollendem Verständnis zuzulassen und direkt »durchzuschmerzen«, denn wir haben es hier mit einer, wenn auch sehr schmerzhaften, so doch nur mit einer Erinnerung zu tun. Unser System reagiert zwar jetzt mit Schmerz, die wahren Gründe dafür befinden sich jedoch ausschließlich in der Ähnlichkeit mit der Vergangenheit und eben nicht im Hier und Jetzt. Wollen wir die Szene nicht erneut wiederholen und damit noch mehr verstärken, dann müssen wir inmitten des Schmerzes bei dem bleiben können, was wirklich jetzt geschieht, und nicht das jetzige Geschehen so zu interpretieren, bis es der alten Geschichte gleicht.

Machen wir uns nichts vor. In der Regel tun wir das zweite. Mehr noch: Unser Bewusstsein und unser Körper sind wie ein Minenfeld voller unangenehmer, alter und unbewusster Ereignisse. Als Kinder konnten wir nichts Besseres tun, um zu überleben, als die meisten Schmerzen tief im Boden unseres Bewusstseins zu vergraben. Mit der Zeit haben wir die meisten davon vergessen. Unser System aber nicht. Eine Paarbeziehung hat aber erneut die Fähigkeit und Kraft, uns so weit zu öffnen, dass die alten Schmerzen leichter an die Oberfläche kommen können, als es im sonstigen Alltag der Fall ist. Wir sind nun mal, wenn wir lieben, durchlässiger und offener. Hoffen wir aber, dass sich Lieben und Geliebtwerden darin zu zeigen haben, dass unser Partner oder unsere Partnerin nahezu perfekt die Kunst beherrschen, auf keine unserer Minen zu treten, dann haben wir in der Regel das Kindesalter nicht wirklich überschritten. Wir überlassen den Partnern unser persönliches Minenfeld mit dem wahnwitzigen Auftrag, es zu pflügen und zu bepflanzen, ohne dass auch nur eine einzige von ihnen hochgeht. Ist das nicht der Wahnsinn schlechthin? Und das vor allem dann, wie wir darauf reagieren, wenn die eine oder andere Mine versehentlich berührt wird oder gar explodiert?

Wir haben dann auf jeden Fall die oder den Schuldigen, können unseren Schmerz abreagieren, und gut ist es. Für uns. Aber für sie oder ihn? Während wir wieder und allzu gerne zum Alltag zurückkehren würden, stehen unsere Partner immer noch mit erhobenen Händen an der Wand unserer Anklage und überlegen, was gerade geschah und wie lange ich es mir noch antun möchte. Und wenn sie uns endlich verlassen oder wir sie, dann haben wir genügend gesprengte Minen als den besten Beweis dafür, was sie uns so alles angetan haben. Dass wir unsere Minen als deren Bomben verkaufen, versteht sich dann von selbst. Auf den ersten Blick kann man es ja auf dem Trümmerhaufen einer Beziehung kaum richtig unterscheiden.

Was dann geschieht, können wir häufig an uns selbst beobachten: Wir ereifern uns darin, die Vorstellungen von perfekter und bedingungsloser Liebe zu entwerfen und ins Unermessliche zu steigern, damit wir ja nicht allzu schnell einem normalen Menschen begegnen müssen und uns selbst am besten gar nicht. Wir sehen uns mit der perfekten geliebten Person auf ewig vereint in zuckersüßer Umarmung schlummernd, wo kein Wort mehr gesprochen werden muss, weil nur Blicke reichen. Kommt Ihnen so was bekannt vor? Ich helfe Ihnen ein bisschen: Erinnern Sie sich bitte, wie es sich anfühlte, ein Neugeborenes in den Armen zu halten. Verblüffend ähnlich, oder? Auch wenn manche von uns keine Eltern sind, so waren wir alle Babys, ganz süße, und mit Sicherheit hat uns jemand wenigstens ab und zu genauso in den Armen gehalten. Es war einfach toll.

Verliebt sein

»Verliebten ist das Zusammensein nicht langweilig,
weil sie immer von sich sprechen.«
François de La Rochefoucauld

Heutzutage beginnt eine Paarbeziehung in der Regel mit dem Verliebtsein. Die meisten Texte und Lieder beschreiben eher den Zustand des Verliebtseins als den der Liebe und das aus gutem Grund. Das Verliebtsein scheint für fast alle von uns ein wirklich schönes, wenn nicht gar überwältigendes Erlebnis zu sein. Und mit der Liebe ist das so eine Sache. Keiner weiß genau, was sie denn eigentlich ist. Die meisten glauben, sie wäre die zeitliche Verlängerung des Verliebtseins, manche glauben, sie schon mal erlebt oder zumindest schon mal gesehen zu haben, und überhaupt gehen die Meinungen über sie recht weit auseinander.

Als einen Vorschlag zur Güte versuche ich mal, im Dickicht des Waldes der unterschiedlichsten Vorstellungen einen Pfad zu ertrampeln. Folgen Sie mir bitte.

Erinnern Sie sich noch an die angeborene Fähigkeit unserer Systeme, im Zustand der Not auf Kontraktion zu schalten? Die Kontraktion ist also die Notsituation. Was aber ist die normale Haltung unseres Systems? Es ist, gemessen an der Kontraktion, die Entspannung. Wenn das Baby entspannt ist, ist es auch gleichzeitig zufrieden. Zufriedenheit und Entspannung sind zwei Seiten der gleichen Medaille. Warum aber ist das Baby zufrieden? Etwa weil es entspannt ist? Nicht ganz. Das wäre einfach zu wenig, um gleich zufrieden zu sein. Wenn wir genauer beim Baby, aber vor allem bei uns selbst hinspüren, dann entdecken wir einen anwesenden Raum der Fülle. Dieser Raum ist still, deswegen unspektakulär, jedoch für das geübte Wahrnehmen unermesslich und sehr gegenwärtig. Sind wir der Raum, dann wird unser System ruhig und ist im Frieden. Es ist zufrieden. Wir sind zufrieden. Diese Betrachtungsweise weist die Fülle als den Grund unserer Zufriedenheit aus. Wir können und müssen dieses Ereignis auch noch anders betrachten: Erst wenn wir im Frieden sind, erscheint uns der Raum der Fülle. Und nun frage ich Sie, was ist die richtige Betrachtungsweise? Keine und beide zugleich. Das Problem liegt nämlich darin, dass unsere Sprache so gebaut ist, dass sie zeitliche Kausalbeziehungen erzeugt. Das wiederum bedeutet: erst das eine und dann das andere. Wie gesagt, es liegt mehr an der Sprache, als an den Tatsachen selbst, denn es sieht so aus, als würden sich alle gleichzeitig ereignen: Fülle, Zufriedenheit und Entspannung. Fehlt eine von den dreien, sind alle anderen ebenfalls nicht erfahrbar.

Vielleicht beginnen Sie jetzt besser zu verstehen, weswegen wir nicht in den Genuss der Zufriedenheit kommen, nur weil wir ein paar Entspannungsübungen machen. Es fehlt nämlich die Wahrnehmung der Fülle. Keine dieser Bedingungen ist wiederum ein Selbstzweck. Sie alle zusammen ergeben das ganz besondere Ergebnis, nämlich Anwesenheit und Zufriedenheit in Fülle. Kommt Ihnen dieser Zustand bekannt vor? Genau diesen Zustand meinen wir oft, wenn wir vom Verliebtsein sprechen. Interessanterweise sprechen wir, wenn wir verliebt sind, nahezu ausschließlich von der Person, in die wir uns verliebt haben, und viel weniger über den Zustand selbst. Das ist so wie bei Dornröschen: Sie hat ihr Erwachen auch nicht genauer kennengelernt und ausgekostet, weil sie sich sofort auf den jungen Mann gestürzt hat, der ihr zum Erwachen verholfen hat, was er vermutlich gar nicht beabsichtigte. Das ist eine kleine, jedoch wichtige Verzerrung der Tatsachen. Gehen wir aber noch ein paar Schritte weiter auf unserem Pfad.

Was wir im Laufe unseres Lebens nicht bemerken, ist die Tatsache, dass wir, wie einer meiner wichtigen Begleiter, Dr. Hunter Beaumont, bemerkte, nicht nur ab und zu, sondern nahezu dauerhaft im Zustand einer starken Kontraktion leben. Tun wir es, dann können wir mitnichten die Fülle des Soseins erleben und damit auch nicht zufrieden sein. Niemals. Das ist psychosomatisch einfach unmöglich. Begegnen wir aber einer ganz bestimmten Person, in deren Gegenwart sich unser System ganz plötzlich und ziemlich stark entspannen kann, dann kann es sein, dass wir plötzlich, von jetzt auf gleich, ein Bad in der Fülle des Seins nehmen, was uns sehr, aber auch wirklich sehr zufrieden macht, sodass die meisten von uns in diesem Moment freiwillig und nahezu selbstverständlich bereit sind, alles andere zu vergessen oder hintanzustellen. Wir sind nämlich im Frieden mit uns und allem. Wir sind zufrieden. Diesen

Zustand nenne ich Verliebtsein. Das einzige Problem scheint, in der Verzerrung der Perspektive zu liegen. Damit meine ich die Tatsache, dass wir uns viel zu sehr auf die Person konzentrieren, in deren Gegenwart wir den Zugang zu Fülle erleben konnten, als auf die Qualitäten der Fülle selber, ihre Kraft, ihre Schönheit und Klarheit und alles das, was sie ist und mit uns macht. Vieles von den Qualitäten der Fülle schreiben wir unserer geliebten Person zu, und natürlich überfordern wir sie, aber auch uns gegenseitig dadurch, indem wir meinen, die andere Person gibt mir die Fülle, die Zufriedenheit und die Entspannung. Wahr ist aber, dass ich mich in ihrer Gegenwart in den Zustand der Entspannung und damit der bewussteren Wahrnehmung von Fülle, die mit Zufriedenheit einhergeht, versetzt fühle.

Merken Sie den Unterschied? Keine Angst, dadurch wird unser Interesse an den anderen Personen nicht geringer. Wir hören nur damit auf, sie anzubeten, zu überhöhen und zu überschätzen. Das ist alles und für eine gesunde und geerdete Beziehung die wohl besten Voraussetzungen, meinen Sie nicht auch? Und wenn Sie es noch nicht glauben, dann betrachten Sie mal kurz aus dieser Perspektive unsere »normale« Interpretation des Verliebtseins. Gehen wir unbewusst an das Ereignis heran, dann sind wir wie Babys, die an sich und, ohne es bewusst zu wissen, in der Fülle sind, es sein denn, auf Grund einer Unpässlichkeit geraten wir in den Kontraktionszustand. Da er sehr unangenehm ist und wir aus ihm normalerweise nicht selbst herausfinden können, beginnt die Situation dramatisch zu werden. Dann kommt endlich die Mama, und wenn sie alles sehr schnell richtig macht, sind wir erneut entspannt und zufrieden, weil gleichzeitig erneut in der Fülle. So lernt unser System mit der Zeit und der Wiederholung der Abläufe, sich immer häufiger nur dann zu entspannen, wenn die richtige Person das Richtige tut. Der Rest ist »Wartezeit«. Zwanzig Jahre später passiert es wieder. Wer es dann ist und was auch immer die Person dann tut, wenn es bei uns zu plötzlicher Entspannung und Wahrnehmung der Fülle kommt, sind wir sehr, aber auch wirklich sehr zufrieden und natürlich auch sehr verliebt in die Person, die uns diese Erfahrung ermöglicht hat, manchmal ohne es zu wissen oder zu wollen. Wenn es aber gleichzeitig bei beiden passiert, ist das normalerweise der Beginn einer möglichen Beziehung. Ich betone hier das Wort »möglich«, denn wie Sie jetzt sehen, bedarf es so einiges an Bewusstheit, damit die beginnende Beziehung zu einer Partnerschaft werden kann. Verliebtsein an sich ist zwar wunderbar, jedoch leider weder ausreichend noch die Garantie dafür, dass es klappt. Sie ist auf jeden Fall ein wunderbarer Beginn.

Liebe

»Dies ist das erste Vorgefühl des Ewigen:
Zeit haben zur Liebe.«
Rainer Maria Rilke

Ich bitte Sie sofort um Verständnis, dass ich nicht die Absicht habe, über »die« Liebe zu schreiben. Das übersteigt bei weitem meine Kompetenzen. Ich folge einfach weiter meinem Trampelpfad im Wald der Beziehungsgeflechte und komme in diesem Zusammenhang an dem Wort »Liebe« nun mal nicht vorbei. In meinem Erleben gehe ich davon aus, dass der Raum, den wir bereits als Verliebtheit beschrieben haben, wirklich mit dem etwas gemeinsam haben kann, was wir im Zusammenhang mit Paarbeziehungen als Liebe bezeichnen. Für mich ist es auch kein Zufall, dass wir gerade in Bezug auf Paarbeziehungen am häufigsten von Liebe sprechen und diese auch und nicht nur sprachlich mit Liebesbeziehungen gleichsetzen.

Das Verliebtsein öffnet, meistens spontan, einen Raum der Fülle, dessen Macht, Ausdehnung, Kraft, aber auch Süße und das Fehlen jeglicher Trennung, einfach überwältigend sein können. Weshalb aber erleben es nicht alle von uns so und vor allem warum verschwindet früher oder später dieser Raum und lässt uns wieder im »Außerhalb« und mit einer Sehnsucht nach Mehr und Wiederholung zurück? Ich glaube, die Antwort liegt in der Beschaffenheit unserer Abwehrstruktur gegen den Schmerz. Wie wir bereits gesehen haben, antwortet unser System auf Schmerz mit Kontraktion. Das ist so. Das haben wir bereits vor unserer Geburt gekonnt, unterliegt also nicht unserem Willen. Wenn wir uns also im Zustand des Verliebtseins sehr stark vom Verhalten der Partnerin oder des Partners abhängig machen, was normalerweise der Fall ist, dann werden wir zwangsläufig durch ihr ganz normales alltägliches Verhalten nicht nur an den vergrabenen Minen unserer alten Erlebnisse berührt, sondern auch mit unmittelbar jetzt entstehenden Schmerzen und Enttäuschungen konfrontiert. Auf sie alle lautet unsere Erstreaktion: Kontraktion. Zwar ist es möglich, dass wir uns wieder und wieder entspannen, jedoch nicht mehr so stark wie zuvor. Jedes Mal etwas weniger, sodass im Laufe der Monate und Jahre die Standard-Kontraktion bereits stark genug wird, damit der Raum der Fülle nahezu völlig aus unserer Wahrnehmung verschwindet.

Damit einhergehend verblasst das Interesse an der Partnerin oder dem Partner, und die sogenannte Routine kehrt ein. Von diesem Moment an sind wir erneut bereit für neue Liebesabenteuer oder gar für einen Neuanfang mit jemand anders, so sich das Verliebtsein dort erneut einstellt. Es ist also eine etwas langweilige, aber durchaus gefährliche Zeit für die Beziehung, in die wir fast alle meistens eher als später hineingeraten. Warum ist das so? Weil wir in unserer Kultur weitestgehend nicht gelernt haben, aus der Ouvertüre des Verliebtseins eine ganze Symphonie zu komponieren. Und wie kann das gehen? Zugegeben, es ist nicht immer leicht, eben weil Sie und ich das in der Regel nirgendwo anders lernen konnten und können als in der direkten Praxis der gelebten Beziehungen. Deswegen sind diese genauso, wie sie sind, und wir lernen, ohne zu proben, und immer schon an lebendigen Menschen. So ist das eben. Und es wäre schon mal hilfreich, wenn wir es uns eingestehen würden.

Wie geschieht aber in unseren Beziehungen das, was wir immer wieder mit dem Namen Liebe bezeichnen? Es geschieht wohl am leichtesten und häufigsten dann, wenn wir gemeinsam den Raum der Fülle erleben können. Hier liegt erneut der kleine und doch so entscheidende Unterschied zu der üblichen Interpretation des Verliebtseins. Konkret heißt das: wenn wir klar erkennen und erleben, dass der Zugang zum Raum der Fülle uns allen immer offensteht; dass der Raum der Fülle eigentlich unser natürlicher Zustand ist und nicht der der permanenten Schutz-Kontraktion und dessen Management genannt Ich. Und dass uns keine Person die Fülle geben kann und muss, weil sie immer schon in Fülle da ist. Erfahren wir es so, dann können wir damit beginnen, uns öfter mal in Fülle zu begegnen und diese gemeinsam zu genießen, ohne sofort einen Besitzanspruch auf den anderen zu erheben, in der Annahme, nur sie oder er hätte den passenden Schlüssel zu ihr. Was wäre das für eine Erleichterung. Wir könnten uns von Beginn an als Reiche und nicht als Bettler begegnen. Das wäre eine wirkliche Steigerung des gemeinsamen Erlebens der Fülle, weil es jetzt noch um die persönlichen Facetten des anderen bereichert wäre.

So betrachtet ist das, was ich innerhalb unserer Beziehungen als Liebe bezeichne, die eigentliche Wirklichkeit unseres Daseins, in deren Genuss wir auf Grund unserer Konditionierungen nur sehr selten und, wenn überhaupt, dann auch noch kurz und leider nicht tief genug kommen. Es reicht nicht immer, damit es uns etwas gelassener machen kann. Aber darüber mehr im letzten Kapitel.

Jetzt müssen wir uns noch das genauer anschauen, was wir unter Trennung und Scheidung verstehen und durchstehen. Es gehört zu Paarbeziehungen einfach dazu.

Trennung und Scheidung

»Das Schlimmste in allen Dingen ist die Unentschlossenheit.«
Napoleon Bonaparte

Interessanterweise gibt bis heute immer noch ein einziges wirklich weitverbreitetes Kriterium für eine gelungene Partnerschaft, und dieses nennt sich: Dauer. Aussagen wie »Schau, wie lange sie schon zusammen sind« oder »Ich möchte mit dir mein ganzes Leben verbringen« betonen sehr stark die zeitliche Komponente und lassen uns automatisch daran glauben, dass eine gelungene Paarbeziehung vor allem an ihrer Dauer abzulesen ist und je länger sie dauert, umso besser muss sie dann auch sein. Wer dieses Kausalverhältnis zu verantworten hat, den möchte ich mal persönlich kennen lernen. Natürlich spreche ich aus der Perspektive einer Person, die mehrere Beziehungen bereits schon gelebt hat und die nicht die Hand ins Feuer dafür legen möchte, dass die aktuelle ganz sicher und auf jeden Fall die wirklich letzte ist.

Ich weiß, dass es sehr vielen von uns genauso geht. Und trotzdem kann ich nicht leugnen, dass der Wunsch nach lebenslanger Dauer bei jeder neuen Beziehung einfach mitschwingt und sich zuweilen sogar recht stark bemerkbar macht.

Was geschieht hier? Das Dickicht möglicher Antworten, Konzepte und Vorstellungen ist in diesem Fall erneut unüberschaubar. Wir trampeln also auf unserem schmalen Pfad einfach weiter. Die eine oder andere kleine Lichtung wird es schon noch geben.

Die gängigen Erklärungen dafür, warum die Dauer unserer Paarbeziehungen immer noch so stark betont wird, verweisen auf die Tatsache der langen Kindererziehung und der damit einhergehenden Bindung der Frau, in der Rolle der Mutter, an ihr Kind. Bedingt dadurch musste in den nomadischen Kulturen der Mann länger die Sorge für die Ernährung und Verteidigung seiner Familie tragen, als es beiden unter Umständen gefiel und guttat. Auch die Gewissheit darüber, dass es, aus der Sicht des Mannes, wirklich nur um seine Fortpflanzung und deren Versorgung geht, fördert den Besitzanspruch an die Frau und bildet damit eine weitere Grundlage für Dauer und Ausschließlichkeit der monogamen Paarbeziehung. Trotzdem sind andere Kulturen voll von anderen Modellen, in denen der Mann, aber eben auch die Frau das Sagen haben kann, mehrere Beziehungen eingeht und sich auch trennen kann. Wirklich ein für alle Mal und auch noch eindeutig festgelegt scheint hier nichts zu sein, sodass die Gründe für eine lebenslange Beziehung zweier Personen eben nur eine mögliche, jedoch nicht zwingend notwendige Narration bilden. Mit anderen Worten: Es gibt gute Argumente sowohl für das Modell der lebenslangen Monogamie, wie wir sie immer noch bei uns bevorzugen, aber eben auch für zahlreiche Alternativen, von denen immer mehr auch bei uns und von uns gelebt werden.

Trennung und Scheidung

Trennung und Scheidung werden erst dann zum Problem, wenn das Gegenteil von der Gemeinschaft, in der wir Mitglied sind, als gut und richtig angesehen und gewollt wird. Sollte das nicht mehr der Fall sein, dann wären Trennung oder Scheidung eben etwas ganz Normales, also genauso normal, wie das Zusammenkommen und Zusammenlebenwollen es ja auch sind. Normal bedeutet eben nicht, dass man sich mit einer Trennung oder Scheidung den entstandenen Verantwortungen entziehen kann, so wie das Zusammenlebenwollen nicht immer den Anspruch beinhalten muss, es für den Rest des Lebens vorzuhaben. Wir leben gerade in einer Zeit und Kultur, in der wir darüber entscheiden können. Trotzdem komme ich erneut auf den oft aufkommenden Wunsch zu sprechen, der beim Verliebtsein dabei ist und der uns zuflüstert: Mit ihr oder ihm für immer und ewig! Und wenn Sie es nicht wissen oder kennen, so sei hier kurz eingefügt, dass zahlreiche Kommunen, die alles außer der Zahnbürste miteinander teilen wollten, in der Regel an diesem Wunsch gescheitert sind. Interessant, oder?

Ich glaube nicht, dass der Wunsch nach Dauer wirklich von der Gesellschaft verordnet wurde und immer noch wird, sodass er als von außen anerzogen gelten kann, wie es oft behauptet wird. Hätten wir ihn also nicht, würden zahlreiche Paare ihn einfach verspüren, erfinden und auch umsetzen wollen. Ob es dann letztlich klappt, das ist wiederum eine ganz andere Frage. Manchmal aber gelingt es und dabei handelt es sich nicht um zufallsbedingte Ausnahmen, sondern um viele glücklich lebende Paare.

Persönlich glaube ich wahrzunehmen, dass sich der Wunsch nach Dauer aus dem Erleben von grenzenlosem Raum der Fülle beim Verliebtsein ergibt. Wir sind meistens überwältigt von dem, was und wie wir plötzlich das Leben und die Wirklichkeit erleben, so dass es selbstverständlich erscheint, dass dieser Zustand dann kein

Ende haben wird, wenn wir mit der geliebten Person auf Dauer zusammenbleiben werden, denn ihr haben wir das ganze Glück zu verdanken. Das ist zwar gut gemeint, aber leider nicht gut genug beobachtet. Denn Verliebtheit zu erleben, ist eine Sache, und mit jemandem länger zusammen zu leben, eine andere, und diese beiden gehören nicht zwangsläufig und auch nicht automatisch oder natürlicherweise zusammen. Leider nicht. Das hat man immer schon vermutet. Deswegen gab es in fast allen Gesellschaften, die eine auf Dauer ausgelegte Monogamie zum Modell auserkoren haben, so etwas wie eine längere Verlobungszeit, in der man sich gegenseitig sehr genau prüfen sollte, bevor man sich auf den ewigen Bund der Ehe, wie es so schön heißt, eingelassen hat, denn eine Scheidung wird bis heute von einigen Religionen ausgeschlossen. Auch die katholische Kirche lässt nur eine Annullierung der Ehe zu.

Kommen wir aber zu der Ausgangsfrage zurück: Warum trennen oder scheiden wir uns? Natürlich aus sehr vielen Beweggründen. Zunächst und grundsätzlich deswegen, weil es rechtlich überhaupt möglich ist, sich scheiden zu lassen. Trennung war natürlich früher immer schon möglich, nur lebten die wenigsten Paare ohne Trauschein, und in kleineren Gemeinschaften, wie in Dörfern oder Kleinstädten, war solch ein Modell schlichtweg undenkbar. Die wenigsten von uns wissen, dass die Scheidungsmöglichkeit für Nichtkatholiken bereits seit 1783 zumindest rechtlich bestand und für alle Paare ab dem Jahr 1938. Noch interessanter wird es, wenn man bedenkt, dass die Schuldfrage bei der Scheidung erst ab 1976 durch das Zerrüttungsprinzip ersetzt wurde und das Ehegesetz von 1938, das z. B. eine sofortige Scheidung bei Unfruchtbarkeit (der Frau natürlich) vorsah, erst 1998 gänzlich aufgehoben wurde.

Was uns aber vielmehr interessiert, sind die inneren Beweggründe eines Paares, die jeweilige Beziehung zu beenden. Ich glaube, dass mit am häufigsten die Tatsache zählt, dass wir in dem »Verlieben« automatisch die wichtigste, wenn nicht gar die einzige Voraussetzung für ein Zusammenleben sehen. Wie schön und wichtig die Erfahrung des Verliebens auch ist, für ein Zusammenleben müssen zahlreiche andere Aspekte unbedingt mitberücksichtigt werden, die gerade im Zustand des Verliebtseins, der momentan erlebten Fülle wegen, als unbedeutend angesehen werden. Mit anderen Worten: Man kann durchaus in jemanden verliebt sein und ihn auch lieben. Mit ihr oder ihm als Paar zusammen zu sein und vor allem zusammen zu leben, umfasst noch einige andere Gegebenheiten und Übereinstimmungen, die sich eben erst im Laufe des faktischen Zusammenlebens herauskristallisieren können. Das bedeutet aber immer schon, dass wir erst dann mit jemandem wirklich zusammen leben werden können, wenn wir es wirklich wollen und es auch tatsächlich gemeinsam versuchen. Vorab lässt sich das Meiste und Wichtigste nicht gänzlich klarstellen, besprechen oder festlegen. Deswegen sollten die Trennungsmöglichkeit und -wahrscheinlichkeit von Beginn an und bei jeder Paarbeziehung inkludiert sein, und es gehört meiner Meinung nach zum Erwachsensein und verantwortungsvollem Umgang miteinander dazu, mit ihr auch tatsächlich zu rechnen und das vor allem dann, wenn man gemeinsame Verpflichtungen jeglicher Art eingeht. Das ist eben kein Pessimismus oder mangelndes Vertrauen ineinander, sondern genau das Gegenteil: Es zeugt von hohem Bewusstsein für die Komplexität des Lebensprojektes, genannt Partnerschaft.

Erst im praktischen Zusammenleben, also sozusagen in der »Wäsche«, zeigen sich beispielsweise die jeweiligen Minenfelder in ihrem vollen Ausmaß. Diese Tatsache können wir vorab nur selten wirklich klären, da die jeweiligen Minen erst im und dank des erneuten und intimeren Zusammenlebens berührt und damit auch zur Explosion gebracht werden können. Das Letztere kann auch dann noch der Fall sein, wenn wir sie bereits therapeutisch verortet oder gar kontrolliert explodieren ließen. Manch eine Konditionierung ist halt viel stärker und bestimmender, als wir sie uns vorgestellt haben. Das aber konnten wir vorab oder unabhängig vom bereits stattfindenden Zusammenleben nicht wirklich wissen.

In diesem Zusammenhang bin ich der Meinung, dass der Weg zur Trennung letztlich dadurch markiert wird, dass wir uns Tag für Tag, und ohne es zu merken, immer etwas mehr verschließen. Das Tückische dabei sind nicht die einzelnen Streitigkeiten oder Konflikte, sondern das, was durch sie mit unserer Haltung geschieht. Wir kontrahieren uns erneut und kontinuierlich und verbringen dadurch immer mehr der gemeinsamen Zeit in eben dieser Haltung. Das, was mal Zeiten der gemeinsam erlebten Fülle waren, werden jetzt zu Momenten des Nebeneinanders. Es ist keine hohe Zeit der Fülle mehr, also keine Hoch-Zeit im wirklichen Sinne des Wortes. Genau deswegen sagen wir zu diesem Zustand, wir hätten uns auseinandergelebt. Damit meinen wir nicht die Tatsache, dass wir gegebenenfalls unterschiedliche Hobbys haben, sondern dass das wirklich wichtige Ereignis, weswegen wir zusammenbleiben wollten, nämlich die Möglichkeit, gemeinsam den Raum der Fülle zu betreten und zu erleben, nicht mehr stattfindet. Ohne gut geübte Aufmerksamkeit auf uns selbst bemerken wir unsere Kontraktion nicht oder eben zu spät. Hat sie ein bestimmtes Stadium erreicht, ist der Sinn des Zusammenlebens nur noch auf den Vollzug der praktischen Gegebenheiten reduziert, was alles andere als befriedigend ist. Und wenn wir immer noch der Ansicht sind, nur eine neue Partnerin oder ein neuer Partner haben den Schlüssel zu diesem Raum, dann beschleunigt es die Trennung ungemein, denn wir möchten uns erneut verlieben, um ihn dadurch wieder betreten zu können.

Deswegen kann es von ungeheurem Vorteil sein, den Zugang zur Fülle auch mal auf anderen Wegen erlebt zu haben. Der klassische andere Weg, der auch unabhängig von einer Partnerschaft begangen werden kann, ist unter dem Namen Spiritualität und Meditation bekannt. Aber darüber mehr im letzten Kapitel.

Kennen wir den Zugang zur Fülle auch unabhängig von unserer Partnerin und unserem Partner, dann ist er wohl die wirksamste Medizin gegen das sich Kontrahieren und Verschließen und damit die beste Voraussetzung für das hohe Fest der gemeinsam erlebten Entgrenzung und Einheit, der wir den Namen Liebe gegeben haben.

Es ist letztlich die Übung des Offensein-Könnens, die uns nur scheinbar verletzbarer macht, denn beim genaueren und längeren Erleben merken wir, dass das, was wir auf Grund unserer vergangenen Ängste als Verletzbarkeit beschreiben, die grenzenlose Fülle der Lebendigkeit an sich ist. In ihr und aus ihr heraus können wir lernen, uns zu trennen, wenn aus vielen anderen Gründen die Zeit gekommen ist, getrennte Wege zu gehen. Dass es dazu kommen kann, liegt in der Natur des Lebens selbst und hängt nicht von unseren Wünschen, Plänen und Vorstellungen ab. Wir können uns also in Fülle und damit in Liebe trennen. Das wird uns den Schmerz nicht nehmen können, macht ihn aber zum Gegenstand der gelebten Fülle, und das ist ein weiteres gelebtes Wunder des Lebens und der Liebe.

Was passiert jetzt mit unserer Pistole, den Munitionsverstecken, den erhobenen Händen und dem gegenseitigen Druck? Keine Angst, sie werden niemals einer Seifenoper oder einer Schnulze weichen. Sie gehören, wenn auch spielerischer, zu jedem gelebten Leben mit dazu. Machen wir uns darüber keine Sorgen und überlassen es dem Leben selbst. Sorgen wir uns lieber darum, dass uns der Mut, dabei zu sein, nicht zu früh abhandenkommt und wir so lange lebendig bleiben, wie wir leben, und nicht bereits vorab in seichten Buchten routinierter Beziehungsabläufe zum Dauerparker werden.

Geld oder Leben

»Wer der Meinung ist, dass man für Geld alles haben kann,
gerät leicht in den verdacht, dass er für Geld alles zu tun bereit ist.«
Benjamin Franklin

Je nach Betrachtungsperspektive besteht unsere (un-)heilige Art und Weise, sich Augenblick für Augenblick als ein Ich zu erzeugen und aufrechtzuerhalten, aus drei absolut fundamentalen Bereichen. Der eine Bereich ist die neurophysiologische Disponibilität. Damit meine ich die höchst komplexen geistig-körperlichen Gegebenheiten, die sich im Laufe der Jahrmillionen manifestiert haben. Hätte unser System beispielsweise kein Gehirn mit genau der Möglichkeit, wie es sie eben hat, könnten wir mit ziemlicher Sicherheit keine oder eben eine ganz andere Identität oder Lebenswirklichkeit kreieren. Der zweite Bereich ist das Vorhandensein stabiler Beziehungsformen, wie beispielsweise die Mutter-Kind-Beziehung eine ist, damit das, was aus unseren Voraussetzungen so alles werden kann, auch irgendwie in den Kontext der bereits anwesenden Herrschaften hineinpasst. Und der dritte Bereich liegt in der mitentwickelten eigenen Fähigkeit unserer Systeme, so sie mal auf Trab gebracht worden sind, einiges selbst zu kreieren, um länger als nur einen kurzen Augenblick zu existieren. Die Bezeichnung (un-)heilig habe ich in dem Sinne gewählt, wie das Wort »Heil« ursprünglich verwendet worden war und manchmal noch wird, nämlich als Ganzsein. Ob wir ab und zu mal in den Genuss des Ganzseins kommen können, hängt entschieden davon ab, wie die drei Bereiche miteinander agieren.

Heilsein bedeutet zunächst, nicht symptomfrei zu sein im Sinne der medizinisch verstandenen Gesundheit. Heilsein und Heiligsein deuten auf eine Dimension der Wirklichkeit, die wir zu lange aus der Wahrnehmung verloren haben und, ohne es zu wissen, dafür einen hohen und bitteren Preis zahlen. Wir fühlen uns normalerweise als selbst- und eigenständige Wesen, also abgetrennt von der Umwelt, die es aber an sich gar nicht so gibt, sondern die erst dadurch entsteht, weil wir sie und gleichzeitig auch uns als deren Mitte aufbauen. Erst im Nachhinein sind wir der festen Überzeugung, die Um-Welt würde, getrennt von uns, um uns herum stattfinden. Ob das wirklich so ist, sei sehr, aber wirklich sehr dahingestellt, und es wird auch – meiner Meinung nach zu Recht – seit dem Beginn der Menschheitsgeschichte in Frage gestellt. Zu heilig und zu abstrakt? Wenn ich also sage, der Laptop steht vor mir, die Zimmerdecke ist über mir, der Boden unter mir und die Wand hinter mir, dann habe ich mich mit diesen vier Behauptungen als die Mitte des Geschehens, ja des Universums erschaffen und positioniert. So einfach ist das und so schnell geht das. Diese Mitte des Universums tut dann alles Mögliche, um auch dauerhaft als solche bleiben zu können. Dazu braucht sie – wiederum dauerhaft – eine Menge Unterstützung. Neben Beziehungen, in denen wir uns gesehen, geliebt und wertgeschätzt fühlen können, hat es sich als sehr hilfreich gezeigt, wenn wir auch noch auf etwas zurückgreifen können, das still und stumm bereit wäre, uns einfach jeden Wunsch erfüllen zu können. Dieses etwas trägt den Namen Geld. Es gehört mit zu den interessantesten Erfindungen der Menschheit.

An erster Stelle: Geld

Nun schauen wir uns mal dieses Wunderkind, genannt Geld, etwas genauer an. Das ist mit Abstand der jüngste Bereich von den angesprochenen Dreien, scheint aber mit der Nummer zwei, also den verschiedenen Variationen der Liebesbeziehungen, sehr erfolgreich um die Nähe zum Ich zu kämpfen, und es spricht einiges dafür, dass bei diesem Wettbewerb das Geld zurzeit in Führung liegt. Langer Rede kurzer Sinn: Wir sollten einfach mehr darüber erfahren, wer oder was das Geld ist. Wie hat das Geld es geschafft, fast alle Gottheiten dieser Welt, nicht nur was die Zahl der Gläubiger betrifft, zu überholen? Und warum zögern wir des Öfteren und einen Augenblick zu lange bei einer auf uns gerichteten Pistole mit der Aufforderung »Geld oder Leben«?

Es ist klar, dass es sich hier um Fragen handelt, auf die es kaum eindeutige Antworten gibt. Allein schon die Tatsache, dass die Frage nach dem Wesen des Geldes sowohl von Geschichts- wie auch Kultur- und Wirtschaftswissenschaftlern einerseits, aber auch von Philosophen und Esoterikern aller Art andererseits immer noch mit bleibendem Interesse bearbeitet wird, zeugt entweder von der großen Vielseitigkeit des besagten Gegenstandes oder aber ist er so schwer zu fassen, dass ihn bislang keiner wirklich zu fassen bekommen hat. Wie so häufig glaube ich, dass an beiden Tendenzen etwas dran ist. Bitte erwarten Sie deswegen nicht von mir, dass ich Ihnen innerhalb von drei oder vier Seiten schlüssig erklären werde, was Geld an sich ist. Angesichts der beträchtlichen Anzahl seriöser Wissenschaftler, die sich mit dem Thema beschäftigen, käme solch ein Vorschlag von mir einer Sektengründung gleich. Was mich und hoffentlich auch Sie in diesem Buch interessiert, ist die Tatsache, weswegen das Geld mit zu den drei wichtigsten Phänomenen zählt, die es mühelos schaffen, unsere Hände-Hoch-Szene am Leben zu erhalten. Und weil ich nun mal gerne damit aufhören möchte, immer wieder neue Schüsse abfeuern zu müssen, und immer weniger Lust habe, die Hände weiter oben zu halten, würde ich gerne wissen, wie das Geld auf meine Änderung der gewohnten Haltung reagieren könnte und umgekehrt natürlich auch. Also folgen wir mal unserem Trampelpfad weiter in der Hoffnung, endlich mal ein bequemes Plätzchen für eine Rast zu finden.

Geld, oder was habe ich eigentlich im Portemonnaie?

»Und wie viel kostet das Gratiswochenende?«
Homer J. Simpson

Was ist das Stück Papier, das ich gerade aus einem Automaten geholt und in die Hosentasche gesteckt habe und auf dem eine Fünf und eine Null gedruckt sind? Richtig. Es ist ein Stück Papier, auf dem eine Fünf und eine Null gedruckt sind. Natürlich ist es ein besonderes Papier und so beschaffen, dass ich es nicht wirklich exakt kopieren kann. Aber es ist und bleibt ein Stück Papier. Wenn wir also danach fragen, was Geld an sich ist, so kann es hilfreich sein zu sehen, wo es entsteht. Weil das Papier mit der Fünf und der Null an sich nur Papier ist und noch kein Geld, bleibt eigentlich nur noch eine Antwort auf die Frage nach dem Ort des Entstehens. Es ist unser Geist. Das Geld entsteht in unserem Bewusstsein und nicht in der Bank oder der Bundesdruckerei. In diesen Orten wird nur noch die geistige Vorstellung einheitlich, also für möglichst viele Personen sichtbar gemacht, aber eben nicht erzeugt. Das erscheint mir immer noch der wichtigste Hinweis auf der Suche nach dem

Wesen des Geldes. Denn ab jetzt suchen wir nach dem, was Geld ist, nicht im Portemonnaie oder der Bank, sondern in unserem Geist. Auf unserem Trampelpfad bedeutet das eine interessante Wende.

Jetzt möchte ich mich doch noch vergewissern, dass Sie mir nach dieser Wende immer noch folgen und nicht in die nächste beste Bank hineingegangen sind, um dort die Antwort zu finden. Also eine Testfrage: Können Sie sich noch an die Geschichte der großen Inflation in der Weimarer Republik erinnern?

Laut einer Anekdote hätte ein Bote einen Wäschekorb voller Geld abgestellt und für kurze Zeit aus dem Blick verloren. Als er ihn wieder an sich nehmen wollte, musste er verblüfft feststellen, dass der Geldhaufen noch da war, der Korb aber geklaut worden war, denn er war zu diesem Zeitpunkt bereits mehr wert als der Geldhaufen in ihm. Stellen Sie sich nur vor, die ein paar Billionen Mark, die jetzt wertlos auf dem Boden lagen, hätten einige Jahre zuvor ein unvorstellbar großes Vermögen bedeutet. Genau die gleichen. Das Papier, also der Geldschein war der gleiche. Das Geld aber nicht. Woher kam es und wo ist es hin? Es entstand genau dort, wo es auch verschwunden ist: in unserer Vorstellung. Okay, was heißt das jetzt? Wenn Geld also ein Produkt unseres Bewusstseins ist, dann muss es für dieses Bewusstsein einen Zweck erfüllen, denn sonst wäre es bereits außerhalb des mentalen Bewusstseins anzutreffen und zwar genau als das, als was es dann von unseren sechs Sinnen erkannt werden könnte. Die Sinne aber ertasten und sehen doch nur ein Stück Papier mit Bildchen drauf oder ein Stück Metall mit verschiedenen Profilen. Noch anders gesagt: Wenn Sie einem kleinen Kind einen großen Gefallen tun wollen, dann schenken Sie ihm doch nicht einen Einhundert-Euro-Schein, oder? Und selbst wenn, dann wird sich der Kleine erst viele Jahre später darüber freuen können, aber nicht mit drei Jahren. Also müssen wir alle darauf warten, bis der Papierschein in der Vorstellung des Kindes zum Geld wird. Für uns ist er es schon. Für den Kleinen eben noch nicht.

Daran und an ähnlichen Beispielen können, ja sollten wir einsehen müssen, dass das Geld alles andere als ein materielles und damit unabhängig von uns existierendes Ding an sich ist, das Wert hat. Noch interessanter wird es, wenn wir so langsam, aber sicher bemerken, dass wir seine Schöpfer sind und das fast ausschließlich auf rein mentaler Ebene. Damit meine ich, dass wir es weder geschnitzt, geformt, als bereits vorhandenes Ding ausgegraben, gefunden oder entdeckt hätten, sondern ausschließlich virtuell vorgestellt. Damit ist Geld nicht gefunden, sondern erfunden worden. Auch das ist ein kleiner, aber verdammt wichtiger Unterschied. Wenn Geld nämlich erfunden worden ist, dann nur mit ganz bestimmter Absicht und zu einem ganz bestimmten Zeck. Finden wir diese beiden heraus, dann könnten wir das Geld verstehen.

Viel oder gut?

Das alles klingt interessant und komisch zugleich. Denn auf die Frage »Was ist Geld?« würden die meisten Befragten uns genauso komisch angucken, als würden wir sie fragen, was Wasser oder Luft sei. Geld ist für unser Alltagsbewusstsein etwas so Selbstverständliches geworden, dass genau diese Selbstverständlichkeit sein bestes Versteck vor unserem genaueren Hingucken sein könnte. Eine Selbstverständlichkeit ist eben dadurch vor jeglicher Form des Hinterfragens und Infragestellens geschützt, weil sie ja selbstverständlich ist. Jedes Kind lernt in unserer Gesellschaft sehr schnell, dass das Geld zum täglichen Leben einfach dazugehört wie Atmen und Essen. Und genau wie beim Atmen und Essen dreht sich das Problem nicht um »was«, sondern um »wie viel« und »wie gut«. So ist doch derzeit so gut wie jeder Gegenstand und fast jede Handlung mit einem Preis versehen, und selbst wenn es (noch) Ausnahmen geben sollte und wir mal wirklich kein Preisschild entdecken, dann glauben wir insgeheim trotzdem, diesen erraten oder einschätzen zu können. Unser Blick ist einfach darin geschult, weil alle anderen Blicke genauso schauen. Noch genauer auf den Punkt gebracht: In welcher Fähigkeit ist unser Blick so außerordentlich gut geschult? In der Fähigkeit zu bewerten. Genau diese Fähigkeit ist es, die zielsicher ausgeübt, uns bereits im zarten Kindesalter gezwungen hat zu lernen, die Hände hochzuheben. Deswegen machen wir es schnell und automatisch, sodass es uns gar nicht mehr auffällt. Gelernt ist eben gelernt. Zur gleichen Ausbildung aber gehört ebenso die komplementäre Fähigkeit, auf die anderen zu zielen, um sie dadurch ebenfalls möglichst häufig in die gleiche Lage zu bringen, aus der wir eigentlich heraus möchten. Wir werten die anderen ab, wenn sie uns schlecht bewerten, in der Hoffnung, dadurch der Bewertung zu entkommen. Es ist absurd. Denn wie flieht man für gewöhnlich aus einem Gefängnis? Richtig, indem man jetzt umgekehrt den Wächter bedroht. Für die Entstehung unseres Urteilsvermögens bedeutet das aber Folgendes: Wenn wir reich werden wollen, dann brauchen wir unbedingt das Armsein als Vergleich und in Wirklichkeit auch noch ein paar real existierende Personen, von denen wir uns mit unserer »Ich-bin-reich-Feststellung« unterscheiden können. Glauben Sie es immer noch nicht? Dann stellen Sie sich bitte vor, alle Menschen würden eine S-Klasse-Limousine fahren. Wenn es so wäre, dann bräuchte es eben nicht mehr die Unterteilung in Standard, Superior oder Luxus, weil schlichtweg der Vergleich nicht zustande kommen könnte, dank welchem eine S-Klasse überhaupt als solche erkennbar wäre. Mit anderen Worten: Gäbe es als Fahrzeug nur die S-Klasse, dann wüssten wir es nicht mal, dass es eine S-Klasse ist, und die Bezeichnung wie jegliche Art der Identifizierung mit ihr wären ebenfalls völlig obsolet. Die Bescheidenen unter uns sollen sich aber nicht zu früh freuen, denn für sie gilt das gleiche Prinzip. Also, wenn alle bescheiden wären, dann wüssten die Bescheidenen nicht, dass sie bescheiden sind, denn dazu bräuchten die Bescheidenen ebenso die Möglichkeit und am besten eine real existierende Wirklichkeit, die zumindest sie als protzig beurteilen könnten, um genau so nicht erscheinen zu wollen. Fazit: Um etwas Bestimmtes sein zu können, müssen wir das Gegenteil davon zeitgleich in unserem Bewusstsein mitkreiert haben. Anders funktioniert unsere sogenannte Realität nicht. Jedenfalls nicht für das an die bipolare Logik gewohnte Denken und Handeln.

Hilfe, ich brauch' Geld!

Daraus können wir den weiteren, aus meiner Sicht sehr wertvollen Hinweis für die Frage nach dem Wesen des Geldes entnehmen. Das Geld entsteht nicht nur innerhalb unserer psychomentalen Struktur – weniger vornehm ausgedrückt: in unserer Vorstellung, sondern scheint auf engste Weise mit der uns sehr eigenen Fähigkeit, Urteile zu fällen, zusammenzuhängen. Daran schließt sich nahtlos ein weiterer wichtiger Hinweis für unsere Suche nach dem, was Geld ist, an: Wenn es das Geld nicht gäbe, dann müsste es oder was Ähnliches erfunden werden, weil es hilfreich zu sein scheint, Dinge und Handlungen voneinander zu unterscheiden, weil das Unterscheiden auf dem Prinzip der Bewertung beruht. Also gehört Geld zu unserer Struktur. Wir sind dem Gesuchten schon etwas nähergekommen.

Im Portemonnaie hat sich die Sachlage kaum geändert. Wir haben immer noch Papier mit Zahlen darauf oder kleine Metallgegenstände oder eben leere Fächer, die unbedingt mit solchen Papierscheinen gefüllt werden sollten. Daran wird sich wirklich nicht sehr viel ändern können, aber vielleicht auch nicht müssen, wenn wir etwas genauer nachvollziehen werden, warum sich so vieles um das Auffüllen dieser Fächer in unserem Leben dreht. Schließlich haben Sie mit dem Kauf des Buches und dem Lesen von genau diesem

Kapitel sich doch dafür entschieden, Geld dafür auszugeben, etwas mehr auch über das Geld zu erfahren. Das gibt Anlass zur Hoffnung und macht mich gleichzeitig ein klein wenig reicher. Die letzte Bemerkung nur mal vorsichtshalber, damit wir ja nicht in die Versuchung kommen zu glauben, Sie und ich befänden uns gerade im neutralen Gebiet, wo die Gesetze der Gegensätze nicht wirken würden. Leider oder erfreulicherweise ist dem nicht so.

Besitz und Vermögen

»Geld allein macht nicht glücklich.
Es gehören auch noch Aktien, Gold und Grundstücke dazu.«
Danny Kaye

Bisher haben wir uns ausschließlich mit der Frage nach dem Geld beschäftigt, und ich höre schon einige schmunzelnde Kommentare, dass das Besagte sehr wohl zutreffen könne, jedoch eben nur für das Phänomen Geld. Bevor es aber das Geld gab, verfügten, zumindest Eliten, über Besitz und Vermögen. In diesem Zusammenhang wird also sehr gerne und sehr deutlich darauf hingewiesen, dass Besitz und Vermögen Werte an sich seien und dass das Geld im Portemonnaie oder auf dem Bankkonto nur eine Variante des Vermögens wäre und vermutlich nicht die klügste. Mit anderen Worten: Immobilien, Aktien oder Edelmetalle hätten eben mit unseren Vorstellungen viel weniger zu tun, ganz im Gegenteil, man bezahlt, also verwendet Geld dafür, sie erwerben zu können, gerade wegen ihrem intrinsischen Wert, den sie ja verkörpern würden. Darüber hinaus wird ein weiteres wichtiges Argument nachgeschoben, welches besagt, dass man diese Gegenstände gerade deswegen, weil sie welche sind, auch richtig physisch haben, also besitzen kann. In diesem Zusammenhang ist das Konzept des Besitzens von großer Bedeutung. Es wirft ein viel klareres Licht auf unsere Szene mit den erhobenen Händen. Unsere Szene ereignet sich am häufigsten eben dann, wenn man einer anderen Person, und zwar gegen ihren Willen, etwas wegnehmen will oder sie – ebenfalls gegen ihren Willen – dazu zwingen möchte, noch mehr Wert- oder Vermögensgegenstände zu erzeugen.

Zur Theorie des Besitzens

Ich muss Sie als Erstes darauf hinweisen, dass Besitzen und Wert und Gegenstand nicht zwangsläufig und von Natur aus etwas miteinander zu tun haben. Aber der Reihe nach:

Stellen Sie sich vor, Sie nennen ein Grundstück Ihr Eigen. Sie sagen darüber: Es befindet sich in meinem Besitz. Es ist Ihre Habe, weil Sie es haben. Punkt. Alle Zuhörer verstehen, was Sie meinen. Nun aber kommt der alles entscheidende Punkt: Stellen Sie sich jemanden vor, der nicht weiß, was Besitzen und Haben bedeutet – ganz nebenbei, solche Kulturen und Gemeinschaften gab es immer wieder – und Sie müssen es ihm erklären. Oder aber jemand aus unserer Kultur, die unter anderem auf dem Prinzip von Haben und Besitzen aufbaut, zweifelt daran, dass dieses Grundstück wirklich in Ihrem Besitz sei. Was tun Sie, um das »Haben« zu beweisen? Sie holen Ihre notarielle Besitzurkunde heraus und am besten auch noch den Auszug aus dem Eintrag ins lokale Grundbuch. Steht in beiden an entsprechender Stelle Ihr Name, dann ist alles klar. Das Grundstück gehört Ihnen, und Sie bewerten meine Ausführungen als philosophisch/psychologischen Zeitvertreib, der mit der objektiv vorhandenen Wirklichkeit kaum etwas zu tun hat.

Damit ist in unserer Kultur alles klar, aber eben nur in ihr. Warum? Zunächst kommt ja die Bezeichnung »besitzen«, wie der Name schon sagt, nicht vom Haben, sondern von dem Verb »sitzen«. Gemeint ist damit die Tatsache, dass die Ackerbaukultur Sesshaftigkeit voraussetzte und zwar nicht nur für eine kurze Zeit, sondern eben auf Dauer. Man ließ sich an einem für den Ackerbau geeigneten Ort nieder und, so die Umstände es erlaubten, blieb dort eben »sitzen« und zwar über eine Generation hinaus. Wenn das Stück Land, auf dem man »saß«, von guter Qualität war, dann mussten die bereits auf ihm »Sitzenden« damit rechnen, dass auch andere sich auf ihm »setzen« möchten, was bekanntlich und bis heute zu Konflikten führen kann. Also hat man dafür eine Lösung gefunden, die darin bestand und besteht, dass die Gemeinschaft oder auch eine in der Regel sehr starke Einzelperson »Besitz-Rechte« vergab oder verkaufte und das Einhalten dieser Rechte entsprechend garantieren konnte. Die Kultur des Besitzens war geboren. Die Eingesessenen nannten sehr schnell das bebaute Land ihr eigenes, und wenn sie es noch nicht sehr gut sprachlich ausdrücken konnten, so verfügten sie über einen ausgeprägten Besitzinstinkt, ähnlich wie das viele Einzel- und Herdentiere auch haben, und den sie dann sprachlich bis hin zu Beurkundung weiterentwickelt haben.

Auf was ich jetzt aber alle Grundstückbesitzer hinweisen möchte, ist, dass sich beim genaueren Hinschauen das »Haben« weiterhin auf das »Sitzen« auf dem besagten Stück Land bezieht. Nicht weniger, aber auch nicht mehr. Anders ausgedrückt: Die Bauern von damals haben untereinander ein Konzept geschaffen, das ihnen die Notwendigkeit, länger am gleichen Ort zu verweilen, möglich machte. Sie konnten jetzt auf dem Stück Land sitzen bleiben. Mit der Zeit konnten sie diese bereits zur Lebensgewohnheit gewordene Tatsache auch an ihre auf dem gleichen Stück Land geborenen Nachkommen weitergeben, denn für die Nachkommen war die Gewohnheit des »Sitzens« noch größer, da sie auf diesem Stück Land zur Welt gekommen sind.

Was aber die eine Generation an die andere weitergegeben hat, war doch nicht das materielle Stück Land, sondern lediglich die vereinbarten Rechte, auf ihm »sitzen bleiben« zu können. Nur weil wir im Laufe der Jahrhunderte aus den Verben »sitzen«, »draufsitzen« oder gar »besitzen« das Substantiv »Besitz« gemacht haben, ändert an der Tatsache dessen, was wirklich »gekauft« oder »verkauft« wird, nicht das Geringste und zwar bis heute. So gesehen ist es nicht nur eine Anmaßung, glauben zu können, Ihnen oder mir würde das Grundstück gehören, welches wir unser Eigen nennen. Es ist schlichtweg sachlich falsch. Wir haben lediglich mit anderen Personen, als Gemeinschaft eben, eine Vereinbarung entworfen, wonach dank komplexer Regelungen ich hier nicht nur weiter sitzen, sondern diese Möglichkeit auch noch an meine Kinder vererben oder an andere Personen, die es möchten, weitergeben kann. Das bedeutet also für alle, die sich im Besitz von allen möglichen Gegenständen wähnen, eine kleine Ernüchterung. Wir »haben« nicht das Grundstück, Haus oder ein Stück Brot. So etwas existiert an sich nicht. Was wir im Sinne von vereinbart getan haben, ist, dass wir uns im besten aller Fälle darauf geeinigt haben, wer, wann und wie lange etwas nutzen kann, sonst nichts. Und wenn wir »haben« meinen, dann meinen wir damit lediglich, dass wir, immer nach den derzeit geltenden Regeln, die Nutzungsrechte ausschließlich und uneingeschränkt erworben haben, sodass ich mit dem jeweiligen »Etwas« tun und lassen kann, was ich will, also auch ein paar der vom totalen Nutzugsrecht zu unterscheidende Rechte zu veräußern. Hier liegt also schon mal das Gegenargument für diejenigen unter Ihnen, die beim Lesen dieser Zeilen kurzfristig meinten, ich würde Eigentum von Miete oder Leasing nicht unterscheiden wollen oder können. Miete oder Leasing, aber auch eine Schenkung oder Überlassung sind nichts anderes als Abstufungen des Nutzen-Könnens. Wenn ich also eine

Wohnung miete, dann könnte ich unter Umständen diese untervermieten. Nur wird die Dauer der Untermiete kürzer sein müssen, als die meines Mietvertrages, denn zu mehr bin ich nun mal nicht befugt, es sei denn, ich habe es mit der Person vereinbart, der die absolute Dauer der Nutzung zusteht. Diese weitestgehend unbegrenzte Dauer haben wir nach komplizierten Regeln, unter anderem ab einer bestimmten zeitlichen Länge und dem Umfang der Möglichkeiten des Verfügen-Könnens, mit dem Begriff »Besitz« versehen. Die Geschichte hat aber oft genug gezeigt, dass kein Besitzer sich seines Besitzes auf Dauer wirklich sicher sein kann. Von Kriegen, Systemwechsel oder Revolutionen mal abgesehen, reichen die Rechte des Staates meistens schon aus, um auch gegen den Willen des Besitzers ihn von seinem Besitz zu vertreiben. Das ist für mich das letztlich entscheidende Argument. Denn gäbe es wirklich etwas, das ich mein Eigen nennen könnte und zwar im vollständigen Sinne des Wortes, dann wäre es für immer »meines«. Und genau so ein »Etwas« existiert einfach nicht. Das beziehe ich auch auf solche intimen Besitztümer wie »meinen« Körper, die einzelnen Organe oder gar den Atem. Hinsichtlich aller dieser Erscheinungen benutzen wir mit der größten Selbstverständlichkeit das Possessivpronomen »mein« und haben noch nicht einmal den Hauch der Kontrolle darüber, ob »mein« nächster Atemzug noch stattfinden wird oder nicht. So viel also zum Thema Verfügungsrechte am »eigenen« Besitz.

Wie die Vorstellung vom Besitz zustande gekommen ist

Diese Vorstellung ist einleuchtend für das Ackerland und einige andere Bereiche wie Haus oder Wohnung, da wir sie zum Überleben brauchen. Sie erklärt aber nicht zwangsläufig den Wert so vieler anderer Gegenstände oder Handlungsmöglichkeiten, die wir zu unserem Besitz dazuzählen. Gibt es also den Wert an sich? Haben ihn bestimmte Gegenstände und andere eben nicht oder nur wenig? Können Gegenstände oder Handlungen ebenfalls irgendetwas »haben«, das dann ihr »Besitz« wäre, wie zum Beispiel »Wert«? Und last but not least: Nach welchem Kriterium funktionierte das Nehmen und Geben wirklich, und zwar lange bevor das Geld erdacht worden ist?

Weil Besitzdenken, also das »Bereits-Haben«, »Noch-mehr-haben-Wollen« oder »Unbedingt-haben-Müssen« und »So-wenig-wie-möglich-abgeben-oder-Verlieren«, so viel Leid, Schmerz und Zerstörung mit sich bringen, sind sie die mit Abstand wichtigsten Motive für unsere Hände-Hoch-Situation. Könnte man sie also einfach besser kontrollieren oder gar gänzlich unterlassen, womit das Problem erledigt sein könnte? Wie wir ja alle wissen, gab und gibt es solche Versuche immer wieder. Eine ganze Reihe politscher Parteien und Religionsgemeinschaften versuchen immer noch, besitzlose Gemeinschaften konsequent und global zu etablieren. Leider sind die bisherigen Ergebnisse, vor allem was die Abnahme des Leidens, der Konflikte oder der Zerstörungskraft unter uns Menschen betrifft und im Verhältnis anderen Lebewesen gegenüber, mehr als dürftig. Deutlicher formuliert heißt es: Unsere Hände-Hoch-Szene ist weder eine Ausnahme noch eine Privatangelegenheit. Sie ist ein global herrschender Zustand, der auf allen Ebenen und in allen Schichten nahezu pausenlos stattfindet.

Also nochmals: Was für ein Dämon treibt uns täglich neu ins inszenierte Unglücklichsein? An dieser Stelle möchte ich unsere Blicke erneut auf das Zusammenspiel von zwei, uns aus dem zweiten Kapitel bereits bekannten Erscheinungen lenken, nämlich auf die Lust und die Angst. Dieser Blick lohnt einen kleinen Abstecher.

Die Kostbarkeit und die Widerwärtigkeit

»Der Punkt ist, dass man nicht gierig genug sein kann.«
Donald Trump

Ist das Ackerland fruchtbar und damit die Ernte reichhaltig, sitze und lebe ich auf einer Kostbarkeit. So lautet die sprachliche Erfindung für das ganz Besondere. Was macht aber etwas Gängiges zu etwas ganz Besonderem, also zu einer Kostbarkeit? Meiner Erfahrung nach ist es die Lust, die wir spüren, wenn wir es sehen, daran erinnert werden oder scheinbar ungewollt und absichtslos daran denken.

Genau dieses Phänomen, nämlich die auf etwas Vereinzeltes gerichtete Lust, haben wir mit dem Wort »Begierde« benannt.

Will also jemand anderes in den Genuss der Kostbarkeit kommen, die ich gerade noch genieße, dann kostet es ihn »was«. Genau hier entstehen die sogenannten »Kosten«. Das Begehrte und Gewollte wird erst zur Kostbarkeit. Das bedeutet, dass es noch nicht aus sich heraus kostbar im Sinne des Begehrtseins ist, sondern wird erst kostbar durch die auf ihn gerichtete Begierde. In diesem Zusammenhang bedeutet Begehren eine sehr starke, ja existenzielle Ausrichtung unseres ganzen Systems, also sowohl des Körpers als auch des Geistes, auf den jeweiligen Gegenstand. Im Zustand des Begehrens und nur aus der Perspektive des Begehrens heraus erscheint das Objekt der Begierde als zuweilen das unmittelbar Wichtigste für den Begehrenden überhaupt. Sie können sich jetzt den einen oder anderen Sammler vorstellen, der einen ganz bestimmten Gegenstand sucht und unbedingt benötigt. Preis spielt dabei keine Rolle. Das Gleiche geschieht oft in der Verliebtheitsphase, wo uns ohne den Anderen das Gefühl überkommt, wir erleben sein Kommen, so es sich noch weiter hinauszögert, nicht mehr.

Dieses Erleben ist nicht nur individuell, sondern vor allem auch kollektiv erlebbar. Während also das Verliebtsein in der Regel doch eher den individuellen Charakter der Begierde unterstreicht, gibt es auch hierbei Ausnahmen, die häufig zum Streit und in Ausnahmefällen sogar zu Handgreiflichkeiten und Mord führen können und es auch oft genug taten.

Die ungeliebte Zwillingsschwester

Damit kommen wir in Berührung mit der Angst. Im Zusammenhang mit der Lust gesehen, ist die Angst ihre weniger gemochte, jedoch genauso starke Zwillingsschwester. Während die auf etwas Bestimmtes fokussierte Lust die Begierde ausmacht, so ist die von starker Existenzangst getriebene Bewegung der Ablehnung von etwas ganz Bestimmtem die komplementäre Seite der Lust, der wir den Namen Hass gegeben haben. Was für unseren Zusammenhang interessant ist, ist die Tatsache, dass der Hass ein Kopfgeld aussetzt, welches bezahlt werden will. Das heißt ganz konkret, dass wir eine Menge Dinge und Handlungen produzieren müssen, die uns davor zu bewahren haben, dass unsere existenzielle Stabilität nicht ins Wanken gerät. Mit anderen Worten ausgedrückt: Hass ist diejenige Haltung, welche einem nicht gewollten Gegenüber die Daseinsberechtigung zu entziehen versucht. Womit auch immer. Er ist die verkörperte Haltung der Ablehnung der Widerwärtigkeit gegenüber. Das bedeutet von der Bezeichnung her gesehen, dass sich im Hasszustand unsere Haltung gegen, also (widerwärtig) »wider« den Wert des Gegenübers organisiert. Natürlich ist sie dafür bereit, so einiges in Kauf zu nehmen. Auf jeden Fall gibt es den Hass auch nicht umsonst. Und, wie es so bei Zwillingsgeschwistern der Fall ist, auch wenn sie vom Charakter her gegensätzlich sind, bleibt die Ähnlichkeit trotzdem da. Und so gilt es auch hier: Je mehr wir begehren, umso mehr werden wir auch hassen und umgekehrt. Man kann sie immer nur paarweise haben. Es tut gut zu wissen und es ist fahrlässig zu meinen, wir könnten nur eine der beiden Zwillinge adoptieren.

Dank genau solcher Ereignisse können viele unserer Filme, Romane und Theaterstücke ihre Spannung erzeugen, unsere Aufmerksamkeit fesseln und uns immer wieder vor Augen führen, wie die Hände-Hoch-Szene abzulaufen hat.

Genau aus dieser Perspektive heraus wird es verständlich, weswegen das Ranking der Kostbarkeiten und der Widerwärtigkeiten niemals statisch sein kann, sondern muss je nach Zeit, Kultur und Einzelperspektive variieren. Darauf kommen wir gleich noch zu sprechen. Für die komplexe Art und Weise, unsere Ausgaben zu planen, Besitz anzuhäufen und Ausgaben zu vermeiden, ist der Mix von Begierde und Hass genau jener Drink, der hier tatsächlich sehr stark geschüttelt und nicht gerührt daherkommt, was unserer Hände-Hoch-Szene oft kaum mehr erträgliche Spannung verleiht.

Der Preis und das Preisen

»Ein Zyniker ist ein Mensch, der von jedem Ding
den Preis und von keinem den Wert kennt«
Oscar Wilde

Während der Kostbarkeit auf jeden Fall noch der Zauber der Besonderheit innewohnt, ist der Preis, auch wenn er hoch ist, emotionsfreier. Er scheint den Übergang von der Kostbarkeit hin zu der konkreten Gegenleistung aufzuzeigen, die dann im täglichen Handel münden wird. Aber hier nochmal der wichtige Unterschied zur Kostbarkeit: Kein Gegenstand oder Wesen ist zunächst an sich kostbar. Kostbarkeit entsteht durch unsere Begierde. Je mehr Menschen etwas sehr stark begehren, wird dieses »Etwas« dann mit jeder hinzukommenden Begierde kostbarer. Denken Sie bitte an die Tulpenmanie in Holland, bestimmte Immobilien, Kunstwerke, Steine, Metalle oder bestimmte Personen. Es stimmt eben nicht, dass Gold an sich kostbar ist. Es gab auch Zeiten, in denen Napoleon III. mit Aluminiumbesteck speiste, während der Rest des Hofes es »nur« mit Silber- oder Goldbesteck tun konnte, weil es gerade mal als weniger kostbar erachtet wurde. Und wäre Ihr Vorfahre in dieser Zeit der Mode gefolgt und hätte seine Goldbestände gegen Aluminiumbarren eingetauscht, würden Sie ihn heute für einen Idioten halten.

Es ist auch klar, dass alles, wirklich alles zum begehrten, also kostbaren Gegenstand werden kann, allen voran auch Menschen. Was aber ist der Preis einer Kostbarkeit? Richtig. Es fällt uns keiner ein, denn an sich hat sie keinen. Und warum nicht? Weil die Kostbarkeit einen Preis diktiert oder bestimmt und nicht umgekehrt. Die durch die Begierden vieler Menschen entstandene Kostbarkeit ist nur, wenn überhaupt, für den zu haben, der ihr oder für sie etwas Ebenbürtiges anbieten kann. Und das muss nicht immer Geld sein. So konnten der sagenumwobenen Kleopatra einzig und allein nur Cäsar höchstpersönlich und einer seiner Nachfolger, Marcus Antonius, das Wasser reichen und ihr Liebhaber werden. Die größte Schönheit ließ nur die stärkste Macht zu. Also Kostbarkeit im Spiegel ihrer selbst. Ähnliches geschah wohl mit Brigitte Bardot, der begehrtesten Frau der sechziger Jahre, die nicht nur einen der damals reichsten Deutschen erkoren hat, denn was Geldbesitz angeht, war die Schlange der Interessenten wohl lang, sondern auch den fantasievollsten Mann, denn erst als Gunter Sachs ihr Grundstück aus dem Flugzeug heraus mit Tausenden von Rosen überflutet hat, fiel die Wahl auf ihn.

Die Widerwärtigkeit aber lässt es genauso krachen und mag es ebenfalls teuer. Sehr sogar. Nehmen Sie bitte die weitverbreitete Abneigung ja Hass gegen das eigene Aussehen. Sind die Unsummen, die wir täglich in Kliniken, Salons oder diverse Studios tragen, wirklich so erfolgreich eingesetzt, dass wir durch sie das Alter und unseren eigenen faltigen und ergrauten Spaziergang ins eigene Verlöschen aufhalten können? Und ist das Altern wirklich so widerwärtig, also gegen jeden Wert, damit wir es derart umfangreich und auch noch teuer bekämpfen müssen?

Der Preis kommt – wie der Name es interessanterweise andeutet – vom Preisen. Das heißt, wenn etwas als gut und sehr gut angepriesen wird, erzeugt es Interesse und hoffentlich auch Begehrlichkeiten. Diese finden mit der Zeit ihre konkrete Verkörperung darin, dass man den Preis zahlt, also den Preisenden für sein Erzeugnis mit einem Gegenwert belohnt. Hier also ist nicht die Begierde zuerst da, sondern sie muss erst erzeugt werden. Der potentielle Erwerber muss überzeugt werden. Das ist ein wichtiger Unterschied zur Kostbarkeit.

So gesehen ist der Wochenmarkt mit seinen Marktschreiern der Platz des Anpreisens von Waren und Erzeugnissen und damit der Geburtsort jeglicher Form von Werbung.

Von dort sind es nur noch wenige Schritte, auch wenn sie zeitlich Jahrhunderte dauerten, bis zur Erfindung eines allgemeingültigen Wertes, der gerne von allen entgegengenommen, also begehrt werden könnte und als allgemein einsetzbares Tauschmittel seine Verwendung findet. Das ist dann die Geburtsstunde des Geldes.

Folgt man also nur der persönlichen oder kollektiven Begierde, so kann das sehr schnell sehr brutal und gewalttätig werden. Folgt man hingegen den Preisen, so kann man von der Werbung getäuscht werden. Ist man etwas stabiler in und mit sich, kann man diesen beiden Bewegungen etwas ruhiger gegenübertreten, was ab und zu mal vorkommen sollte. Ist aber eher eine jener seltenen Pflanzen, was auf eine wahre und sehr verborgene Kostbarkeit hindeuten könnte. Darüber mehr im letzten Kapitel.

Ein Schritt zurück und zwei nach vorn

»Ist es ein Fortschritt,
wenn ein Kannibale Messer und Gabel benutzt?«
Stanislaw Jerzy Lec

Die bislang wichtigste Einsicht besteht darin, dass wir nirgendwo Wert, Kostbarkeit, Geld oder Besitz an sich haben finden können. Alle, aber wirklich alle diese Begriffe haben sich als Namen entpuppt, hinter denen konzeptuelle Regelwerke, Verhältnisse oder Beziehungen stehen. Nirgendwo ein fixer und stabiler Ort; ein Fels in der Brandung; ein Gegenstand, ein Etwas, das allen Werten ihren Wert einhaucht und den wir dann, in den Wechselstuben unserer Begierden und Widerwärtigkeiten, in Kleingeld überlebenswichtiger Wünsche und Abneigungen umtauschen können.

Vielleicht, eben weil nichts Fixes und Festes auszumachen ist, kommt eine pulsierende Idee auf, den unendlich offenen Raum zu stemmen und auszurichten. Diese Idee ist natürlich ebenfalls weder fix noch stabil, aber sie tut so, als ob sie es wäre. Und sie glaubt es sogar selber, dass sie es zuweilen kann. Wir haben sie bereits kennengelernt. Sie nennt sich selber Ich. Welches Verhältnis besteht also zwischen unserem Ich und dem Geld? Ich glaube ein sehr inniges und intimes. Folgen wir, wie üblich, dem Pfad etwas weiter.

Das Ich ist ein flüchtiger Moment, der nur deswegen in Erscheinung tritt, weil eine Vielzahl komplexer Bedingungen es Augenblick für Augenblick ermöglicht. Man könnte es mit einem U-Boot vergleichen. Unterhalb der Wasseroberfläche arbeiten zahlreiche Systeme, und auf der Oberfläche erscheint das Periskop, das dem U-Boot mit seiner Besatzung einen zusätzlichen und wichtigen Überblick verschafft. Das U-Boot steht für die komplexen Bedingungen, während das Periskop unser Ich symbolisiert. Mit dem Periskop gewinnt das U-Boot die Möglichkeit, über seine bisherigen Unterwasserperspektiven hinaus zu sehen und, je nach Einstellung, sich teilweise sogar selbst ins Visier zu nehmen, also sich zu sehen. Genau solch eine Fähigkeit bietet sich mit der Ich-Entwicklung an. Mit dem Aufkommen der Sprache entsteht die Möglichkeit, die Vielzahl der Sinneseindrücke in bisher ganz neue und unbekannte Zusammenhänge zu stellen. Diese Zusammenhänge nenne ich »Narrationen«. Narration ist ein derzeit häufig verwendeter Begriff für verschiedene und meist komplexe Geschichten. Der Vorteil der narrativen Fähigkeit des Lebens eröffnete ihm selber ungeahnte Möglichkeiten der Entwicklung. Eine der wichtigeren Eigenschaften der Narration besteht darin, dass unzählige Personen, andere Lebewesen und Gegenstände verschiedener Art miteinander in Verbindung gebracht werden können. Der Kleister, der die jeweilige Narration zusammenhält, ist die Sprache: Davon alleine gibt es sehr viele, und damit meine ich nicht nur die Fremdsprachen, sondern die Sprache der Musik, die der Mathematik oder die der Malerei, nur um einige andere Bespiele aufzuzeigen. Das Allerwichtigste jedoch besteht darin, dass jede Narration automatisch eine Erzählerperspektive mitkreiert. Zum Beispiel: Weil die Bezeichnung »Auto« erklingt, muss es zeitgleich auch die Perspektive geben, aus der heraus dieses Wort ausgesprochen worden ist. Diese Perspektive nennen wir Ich. Anders formuliert: Es kann wirklich nicht ein »Auto« geben, ohne dass es einen »Schubkarren« gibt, denn nur in der Differenzierung, also am Unterschied, wird jedes einzelne Ding sichtbar. Und noch genauer betrachtet: Es kann kein Du und Gegenüber geben, ohne dass es mich nicht gleichzeitig gäbe, der das Du in eben diesem Augenblick ausspricht und miterschafft. Das Gleiche entsteht zeitgleich und in umgekehrter Richtung. Wenn es ein Ich geben sollte, dann nur deswegen, weil es gleichzeitig ein Du oder einen anderen gibt. Diese Ich-Theorie geht weitestgehend auf das Konto des historischen Gautama, genannt Buddha, zurück, wird aber indirekt und in neuen Zusammenhängen weiterentwickelt, vor allem in der systemischen Theorie und diversen anderen Disziplinen, die fast alle mit »Neuro« beginnen. Interessanterweise haben viele Schulen der Psychologie, aber auch die meisten Religionen, diese Dynamik nicht sehen wollen.

Alles fein und interessant können Sie sagen, aber was hat das mit Geld und der Vermögensanhäufung zu tun? Auf den ersten Blick nichts. Bei genauerem Hinschauen jedoch nicht nur sehr viel, sondern fast alles: Es erklärt nämlich, weswegen wir alle, auf die eine oder andere Weise, reich sein wollen. Und weil wir es nicht nur wollen, sondern auch müssen, haben wir uns einiges einfallen lassen, wie dieses rein praktisch gehen könnte. Das Zauberwort dazu heißt erneut: Geld.

»Was willst du werden?« – »Reich!«

»Wenn ich einmal reich wär',
O je, wi di wi di wi di wi di wi di bum.«
Sheldon Mayer Harnick

Wir alle wollen reich werden. Sie etwa nicht? In Ordnung. Dann beginne ich nochmal: Fast alle wollen wir reich werden. Diese Behauptung umfasst jetzt die wenigen Ausnahmen, welche ja bekanntlich die Regel bestätigen. Also, dass wir alle reich werden wollen, ist ja nicht gerade besonders neu. Die Frage heißt aber: Wozu?

Nun, die gängigen Antworten sind uns allen bekannt: Wir möchten eine Menge an Gegenständen und Erlebnissen unser Eigen nennen. Das ist schon alles. Um welche es sich dabei handelt, ist Privatsache und nicht wirklich von Bedeutung. Dass aber keine von den erworbenen Sachen uns wirklich auf Dauer befriedigen kann, ist schon von Bedeutung, sogar von sehr großer. Und weshalb kann uns so vieles von dem, was wir bereits besitzen, nicht befriedigen? Weil wir selber nicht von Dauer sind. Das ist das ganze Geheimnis unseres Leidens.

Dieses »Geheimnis« ist bereits vor gut 2500 bis 3000 Jahren gelüftet worden, und genauso lange wird es entweder ins Übermenschliche verlagert, sodass fast jedem von uns »normalen« Menschen erklärt wird, die Latte läge mindestens einen Meter über unserer Kapazität oder aber sie befände sich immer schon im Jenseits, sodass wir erst gar nicht damit versuchen sollen, irgendwelche Sprünge zu vollführen.

Wenn das Ich also nicht von Dauer ist und sich Augenblick für Augenblick neu erzeugen muss, dann wäre das, allen Befürchtungen zum Trotz, nicht wirklich das Problem. Ganz im Gegenteil. Genau das Durchleben dieser Tatsache wird in vielen buddhistischen Schulen, aber auch anderen Traditionen als »Erwachen« bezeichnet und mehr oder minder direkt angestrebt. Dazu mehr im letzten Kapitel. Das Problem entsteht jedoch dadurch, dass wir uns genau gegen die eigene Bedingtheit, gegen die permanente Abhängigkeit von Umständen, mithin gegen die eigene wesenhafte Flüchtigkeit zeitlebens auflehnen. Im Normalfall bedeutet für uns zu leben, ums Überleben zu kämpfen. Eigentlich leben wir nicht, sondern überleben. Auch das ist mal wieder ein kleiner, aber ein riesengroßer Unterschied. Und wir kämpfen schon lange nicht mehr darum, genug zu essen und ein Dach über dem Kopf zu haben. Wir wissen, dass es derzeit, trotz der großen Zahl der Erdbevölkerung, genug für alle gäbe. Und selbst dann, wenn diese Tatsachen immer noch an erster Stelle der täglichen To-do-Liste stünden, so gäbe es ausreichend Möglichkeiten, sie ruhig, friedlich und im gegenseitigen Einvernehmen zu lösen. Auch dafür existieren bereits gute und umsetzbare Vorschläge.

Selbstbehauptung

Wenn wir also nicht mehr ums nackte Überleben kämpfen müssen, um was denn dann? Wir kämpfen um das eigne Selbstbild. Unser täglicher Kampf heißt: Selbstbehauptung. Ich trenne mal den Begriff »Selbstbehauptung« in der Mitte, damit Sie sehen können, wie treffend er unsere Kampfhaltung wiedergibt: Selbst-Behauptung. Die flüchtige Ich-Perspektive, die, wie wir bereits gesehen haben, mit jedem Gedanken neu entsteht, will sich verewigen, also behaupten. Sie setzt sich ein »Haupt« auf, Augenblick für Augenblick. Und woraus besteht dieses »Haupt«? Es besteht aus der In-Besitznahme und deren Verwandlung in Ich und Mein. Denn ich bin nur dann ein Jemand, wenn ich ein Etwas bin und etwas habe. Was es ist, spielt dabei keine Rolle. Deswegen ist die Selbstbehauptung konstant auf den Zugriff auf alle nur erdenklichen Ressourcen angewiesen.

Die Kinder lernen die Selbstbehauptung zunächst spielerisch, indem sie sich immer wieder neu erfinden. Als eine Art von Spiel wäre das Ganze gar nicht so schlimm. Nur aber wird mit der Zeit aus dem Spiel bitterer Ernst. Es reicht nicht mehr, sich als einen König oder eine Prinzessin vorzustellen. Wir müssen es real werden. Wir müssen reale Schätze anhäufen, reale Ländereien besitzen und von vielen realen Menschen real bewundert werden. Dazu müssen wir real besonders sein und im Falle der Zuwiderhandlung über reale Macht verfügen, damit die anderen real gezwungen werden können, uns real den gebührenden Respekt zu zollen.

Ist das real genug beschrieben? Wenn ja, dann können Sie hoffentlich nachvollziehen, weswegen wir reich werden wollen. Zum einen deswegen, weil wir dank des Geldes die reale Umsetzung unserer real gewordenen Selbstbehauptung ermöglichen können. Aber da steckt noch viel mehr drin. Geld ist nun schon lange nicht mehr nur noch Mittel zum Zweck. Geldbesitz ist an sich der Maßstab für den gesellschaftlich anerkannten Erfolg schlechthin, der nichts anderes als die Aufwertung des Besitzers nach sich zieht. In unserer Kultur wiederum ist der Erfolg immer noch der anerkannteste Maßstab der erreichten Selbstbehauptung. Ob sich die Erfolgreichen mit Alkohol und Drogen übers Wasser ihrer Tatsächlichkeiten halten müssen oder auf ihren Yachten genauso langweilen wie Sie oder ich auf unserem kleinen Balkon spielt leider keine Rolle. Wunschdenken und Vorstellungen haben immer den Vorrang, denn wie schon gesagt interessieren Fakten unser Ich am wenigsten. Warum? Weil innerhalb der Lebensweise der Selbstbehauptung nur der Erfolg zählt und dieser ein flüchtiger, ganz individueller und überwiegend von konditionierten Emotionen begleiteter Zustand ist. Und weil er von so vielen von uns angestrebt wird, ja angestrebt werden muss, sonst wäre er nicht als Erfolg erfolgreich, ist er natürlich sehr verbreitet. Das macht ihn immun gegen Einwände, weil wir sehr gerne eine verbreitete Meinung mit objektiver Wahrheit gleichsetzen, besser gesagt verwechseln.

Der Banküberfall

»Banken sind gefährlicher als stehende Armeen.«
Thomas Jefferson

Als praktische Lösung für den täglichen Bedarf im Tauschhandel der Befriedigung unserer normalen Bedürfnisse spielt das Geld eine der geringsten aller möglichen Rollen, in denen er normalweise unterwegs ist. Nicht von ungefähr haben nur maximal vier Prozent des täglichen weltweiten Geldflusses etwas mit dem Bezahlen von Waren und Dienstleistungen zu tun. Und alles andere? Genau. Alles andere ist eine andere Geschichte. Es ist eine Narration mit dem Titel: »Ich bin ich, für alle Zeiten, immer und ewig«, und dem Untertitel: »Koste es, was es wolle.« Und es kostet das Vielfache dessen, was zum guten, normalen und erfüllten Leben notwendig wäre. Das ist mit großer Wahrscheinlichkeit der Grund dafür, weswegen wir das Geld erfunden haben. Geld haben bedeutet doch nicht wirklich etwas Materielles zu besitzen. Es ist und bleibt Papier mit Zahlen darauf. Und in Ihrer Bank des Vertrauens sieht es noch überschaubarer aus. Ihr Konto ist doch kein Lagerplatz für Geldscheine, sondern existiert in Form digitalisierter Information. Das Geschäft der Bank besteht auch nicht darin, unser schwer verdientes Geld gegen Zinsen an andere schwer arbeitende Menschen zu verleihen. Diese Dienstleistung macht einen Bruchteil der Bankgeschäfte aus. Der Hauptteil der Tätigkeit der Bank liegt jedoch nicht im Verleihen, sondern im Geldproduzieren. Genau darin liegt das Geheimnis der schwer zu ergatterten Konzession. Diese ermächtigt die Bank dazu, das Vielfache der in ihr von uns deponierten Summe an andere weiterzugeben. Wie ist das aber möglich? Nun, spätestens an dieser Stelle muss man mit dem immer noch weitverbreiteten Mythos von der Bank als Vermittler zwischen unserem deponierten Geld und den möglichen Interessenten aufräumen. Da die Bank nicht etwas verleihen kann, das zum besagten Moment gar nicht existiert, verleiht sie nicht wirklich Geld, sondern erfindet es, indem sie auf den Kunden lediglich einen Anspruch auf eine bestimmte Geldsumme überträgt, in der Hoffnung, dass alle Interessenten nicht gleichzeitig die ganze Summe in Form von Geldscheinen abheben werden. Und selbst dann, wenn es einige tun würden, ist es wahrscheinlich, dass Teile von dem abgebuchten Geld erneut bei der gleichen Bank landen werden, weil der Autoverkäufer um die Ecke, bei dem Sie das neue Auto gekauft haben, ebenso ein Konto in der gleichen Bank unterhält. Natürlich spekuliert die Bank genauso wenig wie eine Versicherung oder ein Spielcasino. Das Geschäft läuft nicht dank erfüllter Hoffnungen, sondern dank komplexer mathematischer Formeln und Statistiken, die wiederum statistisch eher einen Erfolg als eine Bankrotterklärung ausweisen. Übrigens liegt hier der Ursprung des häufig gebrauchten Wortes: bankrott gehen oder bankrott sein, was so viel wie eine Zahlungsunfähigkeit bedeutet.

Mit der Erschaffung von Bank und Geld haben wir uns den nahezu uneingeschränkten Zugriff auf alle möglichen und unmöglichen Dinge und Erlebnisse verschafft, mit denen wir unser Ich ausstatten können. Denn da das Ich an sich und in reiner Form schlichtweg nicht existiert, sondern nur als ein »Ich bin etwas« und »Ich habe etwas« oder »Ich tue etwas«, muss unserem Ich-sein-Wollen ständig die Möglichkeit gegeben werden, alles Mögliche haben, erleben oder ablehnen zu können. Genau dafür wurde – ja musste das Konzept Geld erfunden werden. Und weil diese Erfindung, ähnlich wie ihr Erfinder, also das Ich, auch ständig von Neuem erfunden werden muss, tun wir es täglich, indem wir an den Papierwert im Portemonnaie glauben. Damit hat das Geld keinen Wert an sich, sondern ist ein reiner Erfahrungs-Wert. Und auch damit ist es seinem Erfinder ähnlich, denn so wie wir heute daran glauben, dass der

Geldschein immer noch den Wert hat, den er gestern hatte, so existiert unser Ich heute immer noch deswegen, weil es sich an sich erinnern kann. In beiden Fällen verdankt sich das Kontinuum und damit die »Dauer« nicht dem Ich oder dem Geld an sich, sondern der erinnernden Fähigkeit unseres Bewusstseins. Lässt diese Fähigkeit nach, verschwinden beide genau zeitgleich, was Sie – so schmerzhaft es auch ist – bei Menschen mit Demenz oder Alzheimer wahrnehmen können. Sie sind dann weder ein Ich noch reich. Beides gleichzeitig.

Geld ist und muss deswegen flüchtig sein, weil unser Ich es ebenso ist. Deswegen haben wir auch alle materiellen Tauschmittel, wie zum Beispiel die seltenen Edelmetalle, ersetzt, weil sie nur sehr begrenzt vorkommen und allein schon dadurch die unbegrenzte Ich-Expansion nicht gewährleisten können. Der expansive Ich-Imperativ erfordert eine expansive Geldpolitik, die problemlos, und je nach Wunsch genannt Geschäftsidee, innerhalb von Sekunden in der Lage ist, Billionen zu kreieren, um unsere Ich-Dynamik in ihrem gewohnten und globalen Zugriff auf wirklich alles nicht im Stich zu lassen.

Wo liegt das Glück eigentlich?

Ob diese Bewegung immer noch ausreichend und präzise genug mit dem Begriff »Kapitalismus« bezeichnet werden kann, wage ich zu bezweifeln. Das Geld ist nicht das Problem. Es ist unser Selbstbewusstsein, das wir nicht zu Ende durchschaut und durchschmerzt haben. Diesem – zugegeben – etwas unbequemen Prozess sind wir dadurch geschickt ausgewichen, indem wir uns selbst behaupten und sogar die Selbstbehauptung mit dem Selbstbewusstsein gleichgesetzt haben. Welch ein folgenschwerer Irrtum.

Deswegen benötigen wir mehr als neunzig Prozent aller Produkte, die wir produzieren, nicht wirklich zum erfüllten Leben, wohl aber für die Selbstbehauptung, ganz analog zu den über 90 Prozent täglichen Geldtransaktionen, die wiederum keinen Bezug zu konkreten Waren oder Dienstleistungen haben, weil sie ausschließlich der eigenen Selbstvermehrung dienen.

So gesehen erschafft sich die Selbstbehauptung selbst, indem sie sich selbst finanziert und auch noch das nötige Kleingeld dafür selbst erfindet. Es ist beängstigend, aber gleichzeitig auch faszinierend.

In einem Augenblick sind wir Kunde und Banker in einer und derselben Person. Mal stehen wir noch nicht mal maskiert, aber bewaffnet mit Wünschen, Vorstellungen und Projekten am Schalter und verlangen nach Geld. Kurze Zeit später spekulieren wir mit unseren und fremden Ersparnissen und zwingen dadurch eine andere Person, aber auch Tiere und Pflanzen, verzweifelt ihre Hände hochzuheben, wenn sie nicht mehr in der Lage sind, unseren expansiven Anforderungen standzuhalten. Das alles sind wir. Und wir tun es nicht umsonst und abgesichert, sondern verpfänden für eine erträumte und immer bessere Zukunft das Kostbarste, was gerade da ist: die Gegenwart. Niemals, aber auch wirklich niemals, war sie uns gut genug. Auf dem Altar unserer individuellen wie auch kollektiven Vorstellungen von Gut und Besser opfern wir sie täglich aufs Neue. Die Fülle der Gegenwart ist tatsächlich da. Jetzt. Aber wie gesagt, Tatsachen haben uns nie wirklich interessiert.

Gut oder böse ist doch richtig oder etwa falsch?

»Das Gute hat immer zwei Seiten: eine gute und eine schlechte.«
Stanislaw Jerzy Lec

Ich kann mir sehr gut vorstellen, dass so manchen von uns beim Bewusstwerden der vorangegangenen Zeilen ein Schmunzeln übers Gesicht huschte. Dieses leichte Schmunzeln verdanken wir der tieferen inneren Gewissheit, Geld sei für uns nun wirklich nicht das Wichtigste. Das kann man durchaus so sehen. Wähnen wir uns aber bitte nicht zu früh in Sicherheit, denn in Sachen »Selbstbehauptung« ist das letzte Wort noch nicht gesprochen. Dass wir das Geld missbrauchen können, steht außer Frage. Dass wir unsere Beziehungen missbrauchen können, ebenso. Dass wir aber das »Gute« und »Richtige« ebenfalls missbrauchen können, das ist schon eine höhere Kunst, die wir komischerweise fast alle nahezu perfekt beherrschen und zwar derart perfekt, dass wir viel eher dem Papst Franziskus ein paar Bankkonten in Steuerparadiesen zutrauen würden, als die Tatsache zu akzeptieren, dass das »Gute« den gleichen Status wie das Geld genießt: Es ist erfunden.

Können Sie sich noch daran erinnern, dass Sie beim Analysieren der Geldfunktionen schmunzeln mussten? Haben Sie mal nachspüren können, woher dieses Schmunzeln kommt? Wenn nicht, dann ist jetzt die Gelegenheit dazu. Meine Vermutung hierzu ist folgende: Wir schmunzeln über die Geldbesessenheit oder die Abhängigkeit der anderen von einer Partnerin oder einem Partner nur deswegen, weil wir im gleichen Augenblick uns von der gleichen Neigung in uns selbst distanzieren. Nun aber kommt jetzt der zweite und viel interessantere Teil der eben beschriebenen Bewegung ins Spiel: Wohin haben wir uns denn distanziert, also wegbewegt? Es ist schon klar, dass es sich bei diesen sogenannten »Bewegungen« nicht um räumliche Vorgänge handelt. Ich kann nicht von mir weg und irgendwohin gehen. Das ist allerhöchstens grammatikalisch, also als ein Sprachbild möglich. In Wirklichkeit ist es Unfug. In der Praxis des Alltags vollzieht sich unsere Änderung nur dadurch, dass unser System es schafft, längere Zeit bei einer neuen Sachlage zu verweilen, bis sich ein neueres Selbstbild erzeugen und einprägen kann.

In der Regel wird dieser Identitätswechsel jedoch dadurch vorgetäuscht, dass uns jemand mit einer Pistole bedroht, indem er den Vorwurf in unsere Richtung abschießt, wir wären beispielsweise geizig und faul. Wir heben also zunächst die Hände hoch und beginnen, uns von der Geschichte des Geizig- und Faulseins zu distanzieren. Wir wollen es ja auch nicht sein und schon gar nicht von anderen als solche Personen angesehen werden. Also erklären wir den »Geizigen« zur »Persona non grata«. Das ist normalerweise der erste Schritt. Der zweite ist schon etwas schwieriger und besteht darin, dass wir nicht nur unsere Meinung über uns anpassen, d. h. ändern müssen, sondern auch noch Taten folgen lassen. Und spätestens hier scheitern wir nach ein paar Tagen, höchstens Wochen, kläglich. Die gefühlte Erfolgsquote meiner persönlichen Statistik liegt unter ein Prozent, beobachtet bei Selbstversuchen.

Im Alltag kann das in etwa wie folgt aussehen: Ich höre jemanden oder mich selbst sagen, ich sei geizig und faul. Sofort spüre ich bei dem Vorwurf ein unangenehmes Gefühl in der Bauchgrube. Dieses Gefühl in der Bauchgrube ist fundamental, denn die körperliche Reaktion entscheidet über den Grad der Bedrohung und ist nicht ein lediglich mentales Sprachbild. Jetzt muss ich mich von dem Vorwurf freimachen. Und wie tue ich das? Sehr schnell gehe ich alle Sprachbilder nacheinander durch, die mit dem Vorwurf in Verbindung stehen und – das ist jetzt die neue Superleistung – interpretiere sie so um, dass sie unter keinen Umständen mit dem Vorwurf, geizig oder faul zu sein, übereinstimmen können. Ich war doch nur »sparsam« – höre ich mich gegen den Vorwurf, geizig zu sein, sagen, und »die paar freien Tage« waren seit Monaten die ersten, die ich mir überhaupt gegönnt habe, womit der zweite pariert worden ist. – »Besonnener Umgang mit Geld« und etwas mehr Rücksicht auf mich und meine Bedürfnisse sind bei der Verantwortungslast, die ich trage, das Mindeste, was getan werden muss. Und zwar von jedem – schließe ich, mit einer neuen Identität des »besonnenen Helden«, die Kontraattacke ab.

Fazit

Wenn mir etwas an mir nicht passt, dann besteht der erste Schritt darin, mich möglichst schnell davon zu desidentifizieren. Einer meiner Kollegen war mal als Redner zur einer Konferenz mit dem Titel »Der Erfolg hat einen hohen Preis« geladen worden, und er reiste in einem Porsche an. Nach dem guten Vortrag, der unsere Erfolgsabhängigkeiten bloßlegte, wurde er von einem Teilnehmer gefragt, wie er denn das Gesagte mit seinem Porsche zusammenbrächte. Er antwortete sinngemäß, dass der Porsche für ihn ein schönes und zuverlässiges Auto zugleich sei und nicht ein Statussymbol. Damit gab sich zwar der Fragende sichtlich nicht zufrieden, fragte aber nicht nach. Mit unserer Brille betrachtet, hat der Porschefahrer den ersten Schritt der Desidentifikation zwar geschafft, die neue Narration jedoch war noch nicht ganz wasserdicht. Das war im Raum spürbar.

Und genau hier liegt der Punkt, der mir als ganz wichtig erscheint. Wenn wir uns von etwas distanzieren wollen, dann hat es uns bereits berührt und getroffen, und nur deswegen müssen wir uns in eine neue Geschichte über uns selbst flüchten, damit wir jenes unangenehme Gefühl nicht weiter wahrnehmen müssen. Einen anderen »Ort« gibt es nicht. Er existiert nicht wirklich und auch nicht real, es sein denn, wir greifen auf fremde Geschichten und Narrationen zurück, was wir natürlich häufig und gerne auch tun. Wir müssen also den neuen »Ort«, also uns selber neu kreieren. Wir tun es natürlich, mal besser und mal schlechter. Vom Erfolg spreche wir dann, wenn wir mit der neuen Narration uns und auch die möglichen Angreifer besänftigt haben.

Es zeigt sich also, dass unsere Moral häufig unter Druck entstanden und im gewissen Sinne sogar auf ihn angewiesen ist, während die Ethik, also das Nachforschen und Nachdenken über die Grundlagen unserer Handlungsregeln, sich im Nachhinein darum bemüht, das eine oder andere geradezubiegen, indem sie es in die geltende Weltsicht einwebt.

Wir entwerfen damit das Gute, das Bessere und das Allerbeste meistens dafür, unser Gewissen oder die Vorwürfe und Erwartungshaltungen der anderen zu besänftigen.

Was aber das »Gute« und »Richtige« an sich ist und sein soll, bleibt in der Eile des Gefechtes in der Regel unbeachtet und auch unbedacht, weil es in unserer »Hände-Hoch-Situation« vor allem auf den schnellen Erfolg ankommt. Und aus Erfahrung wissen wir alle, dass wir sowohl uns selber wie auch eine Menge anderer Personen über

Jahre hinweg mit den schönsten Geschichten ruhig halten können. Das Letzte ist kein Wert an sich, aber ein weiter erfolgreicher Erfahrungswert, und der Erfolg allein zählt.

Die Gutenacht-Geschichten

»Moralisten sind Menschen, die sich dort kratzen, wo es andere juckt.«
Samuel Beckett

Wenn wir uns also von »uns« selbst distanzieren, dann geschieht es einzig und allein dadurch, dass wir uns eine neue – und jetzt kommt das Entscheidende –, eine bessere Identität kreieren oder von den bereits vorhandenen eine aneignen. Warum tun wir das überhaupt? Nur weil eine Stimme in uns nörgelt oder jemand uns so, wie wir gerade sind, nicht haben möchte, ist doch kein ausreichender Grund, uns selbst gleich über den Haufen zu werfen. Das ist die ruhige und sachliche Stimme im Nachhinein. Jedoch im Angesicht der gezuckten Pistole ist diese weise Stimme meistens nicht vernehmbar.

Also, gesetzt den Fall, das »Gute« und das »Richtige« wären – wie die meisten von uns annehmen und die Religionen und politischen Systeme es behaupten – an sich real existierende, objektive, und daher von allen einsehbare Größen, dann frage ich erneut und mit Nachdruck: Was sind sie denn an sich? Als Antwort fallen uns Sprachbilder ein wie: Gott, Freiheit, Liebe, Würde und viele mehr. Mit diesen Worten geben sich schon mal viele von uns zufrieden, denn wir haben alle gelernt, bestimmte schöne und angenehme Gefühle, Erlebnisse und Empfindungen gerade mit ihnen zu verbinden. Weiter und tiefer zu bohren, wird genauestens vermieden und untersagt.

Machen Sie aber ein paar Mal den Objektivitätstest. Der geht ganz einfach. Suchen Sie sich eine ganz konkrete Person aus Ihrem Bekanntenkreis aus, z. B. eine, die Sie für äußerst liebenswert, und eine andere, die Sie für unausstehlich halten. Starten Sie dann eine kleine diplomatische Umfrage bei den anderen Bekannten, indem Sie fragen, wie sie die beiden wahrnehmen würden. Sie werden feststellen müssen, dass Sie je nach dem, wen Sie fragen, Ihre Meinung bestätigt, widerlegt oder noch ganz anders widergespiegelt bekommen. Das Gleiche gilt für alles andere genauso. Vor allem aber für so allgemeine Worte wie z. B. Gott. Wenn Sie also glauben, dass Gott existiert und gut ist, dann versuchen Sie bitte, die Attribute noch etwas genauer zu bestimmen, und fragen Sie erneut in Ihrer Umgebung nach, ob alle damit genauso einverstanden wären. Was Sie hier erleben können, kann bereits ernste Konfrontationen mit sich bringen, bis hin zu Beschimpfungen und Drohungen. Ich habe es ausprobiert und zwei Jahre lang etwa zweihundert Personen unterschiedlicher Herkunft, Alter und Kultur die Frage gestellt.

Was ich erfahren habe, zeigte eher eine Vorstellung davon, wie wir uns selbst vorstellen würden, wenn wir der liebe Gott wären.

Und wenn Sie jetzt mit den klassischen Killerargumenten kommen und behaupten, die Hexenverbrennungen, die Konzentrationslager im Zweiten Weltkrieg oder die Völkermorde waren und sind doch eindeutig böse, dann muss ich Sie leider sehr enttäuschen. Denn genau diese Taten wurden und werden immer noch von Menschen vollbracht, die sie für gut und richtig gehalten haben und zum Teil immer noch halten. Jeder Krieg und jede Revolution, jede Folter, jeder Diebstahl und Betrug wurden und werden im Namen des Guten getan. Der oder diejenigen, die sich anschicken einen sogenannten Terrorakt zu vollbringen, sind in der Regel fest davon überzeugt, sie handeln im Namen einer höheren Gerechtigkeit und Ordnung. Aus deren Perspektive stimmt das auch. Was ist aber deren Perspektive? Richtig. Sie ist eine Narration. Eine Geschichte eben, die anders gestrickt ist als die unsere und in der wir halt die Rolle der Bösen zu spielen haben, genauso wie wir der festen Überzeugung waren und sind, unsere Geschichte sei die einzig richtige und alle, die eine andere Meinung vertreten, bekommen in ihr automatisch die Rolle der Bösewichte zugeteilt.

Es ist schon verrückt, wie lange wir als Menschen brauchen, um zu bemerken, dass wir immer schon und immer nur die Geschichte sind, die wir uns gerade zurechtgelegt haben und mit der wir unsere Handlugen zu erklären und natürlich auch zu rechtfertigen suchen. Und sollte sich mit der Zeit herausstellen, dass diese Geschichte oder die auf ihr beruhenden Handlungen aus einer neuen und anderen Geschichte heraus schlecht, böse oder gar verabscheuungswürdig sind, dann sind die allermeisten von uns in der Lage, sich in eine neue und bessere zu flüchten. Das Problem besteht meistens darin, dass uns die anderen immer noch mit der alten Geschichte identifizieren und nicht bereit sind, sich auf unsere neue Narration einzulassen. Die Übungen, die genau das ermöglichen sollen, nennt man Vergebung, Verzeihung, Loslassen, Vergessen, Nach-vorn-Blicken, Gras-darüber-wachsen-Lassen und so manches mehr für die, die uns endlich mal mit der neuen Geschichte identifizieren sollten und es immer noch nicht schaffen. Für uns wiederum, die wir den Übergang von der alten in die neue Narration nicht hinbekommen, bestehen die gängigen Übungen in allerlei Beichten, guten Vorsätzen, Schuldeingeständnissen, Selbsthilfegruppen, Therapien, spirituellen Übungen, Fokussierung auf das Gute und Wichtige und vieles andere mehr.

Mit anderen Worten: Wenn eine Narration von kollektiver Bedeutung out und damit vorbei ist, dann tun sich beide Seiten sehr schwer damit, miteinander ohne allzu große Schuldzuweisungen – die nicht selten in Mord und Totschlag enden – umzugehen. Es

ist schon schwer genug, wenn wir individuell mal unsere Selbstbehauptung ändern müssen, weil die bisherige Story einfach zu eng
geworden ist. Wir kommen glimpflich davon, wenn uns nur einige Freunde verlassen und wir nur den Job ändern, damit es wieder
fließt. Wir fühlen uns erst einmal etwas besser. Manche Gruppen
fühlen sich ebenfalls besser, wenn sie eine Schlacht, worin sie auch
immer bestehen mag, gewonnen haben. Dieses Gefühl ist unbe-
streitbar. Nur: Wissen wir dadurch wirklich, was Gut und Schlecht
an sich ist? Meiner Meinung nach nicht. Und nur, weil sich etwas gerade mal angenehm anfühlt, gleich als gut oder gar das Gute
zu bezeichnen, ist weit, aber auch wirklich sehr weit über unsere
Möglichkeiten hinausgeschossen. Aber wenigstens darin üben wir
uns täglich, denn Schussbereitschaft und deren Ausführung ist die
Haupttriebfeder unserer unaufhaltsamen Selbstbehauptung.

Der wunschgerechte Glaube

»Man kann Prinzipien aufstellen wie Wegweiser oder wie Galgen.«
Hans Kasper

»Im Flugzeug gibt es während der Turbulenzen keinen Atheisten.«
Robert Lembke

Die Art und Weise, wie wir Gut und Böse, Richtig und Falsch
begründen, positionieren und mit welcher Selbstverständlichkeit wir immer noch davon ausgehen, dass sie unabhängig von uns
Menschen existieren würden, ist ein wirkliches kollektives Wunder.

Vielleicht war es für uns Menschen schlichtweg einfacher, so tun als ob, anstatt zugeben zu müssen, dass wir nicht wirklich wissen, was Gut und Böse, Richtig und Falsch an sich sind. Ein weiterer und sehr erfolgreicher Einfall bestand und besteht immer noch darin, sich jemanden vorzustellen, der genau so wie wir ist, nur entsprechend klüger und mächtiger und natürlich auch omnipotenter. Mit anderen Worten: Es muss jemanden geben, der ein für alle Male festgelegt hat, was zu tun ist. Gesetzt den Fall, es ist so, es gab oder es gibt immer noch einen jenseitigen Verantwortlichen. Damit ist aber das eklatante Problem der Begründbarkeit immer noch nicht weg vom Tisch. Bis heute fehlt diesen Festlegungen, die zum erheblichen Teil widersprüchlich sind, jegliche nachvollziehbare Begründung seitens aller Schöpfer. Nur weil die Götter als allmächtig und allwissend geglaubt werden, heißt es noch lange nicht, dass sie die Frage nach Gut und Böse entsprechend transparent gelöst haben.

Deswegen meine ich mit nachvollziehbar, dass sie von uns irdischen Geschöpfen eingesehen und verstanden werden können. Mehr würde es wirklich nicht brauchen, und schon hätten wir die meisten Kriege und Konflikte vermeiden können. Stattdessen aber zeigt sich, dass wir es mit einer größeren Zahl von Schöpferinnen und Schöpfern zu tun haben, die sich, ähnlich wie ihre irdischen Anhängerinnen und Anhänger, nicht nur untereinander nicht leiden können, sondern sich bis aufs Blut bekämpfen. Die meisten von ihnen mit dem uns bestens bekannten Anspruch auf die Alleinherrschaft. Ob die Götter uns in ihre Machtspiele verwickeln und wir deswegen seit Menschheitsgedenken in ständigen Kriegen leben müssen oder umgekehrt wir sie ständig um Hilfe bitten, unsere Machtansprüche zu unseren Gunsten zu lösen, kann nicht wirklich geklärt werden und wird auch langsam, aber sicher uninteressant. Die Theologien und die Theodizee haben nicht nur in dieser Hinsicht ausgedient und versagt.

Im Laufe der Jahrtausende hat sich die Zahl der Götter drastisch reduziert, was bei dem Dauerkrieg zu erwarten war, sodass es auch im Jenseits überschaubarer geworden ist. Die übrig gebliebenen Player sind dafür entsprechend mächtig, sodass sie es wohl nicht für nötig erachten, solche Bedeutungslosigkeiten, wie wir sie nun mal sind, mit Hintergrundwissen zu füttern. Mit anderen Worten: Die uns bekannten Werte wurden in Form von Geboten und Verboten mitgeteilt. Top-Down-Prinzip einer auf Macht und Hierarchie gestützten kosmischen Ordnung. Und anstatt Erklärungen und Argumente wimmelt es Strafen jeglicher Couleur für die Nichteinhaltung der Vorschriften, die sofort und ohne mit der Wimper zu zucken ausgeführt werden sollen. Die Ausführung der Strafen wird entweder höchstpersönlich von der jeweiligen Gottheit ausgeführt oder stellvertretend von ihrem Bodenpersonal. Im ersten Fall hat sich die Naturkatastrophe als das beliebteste und wirksamste Mittel gezeigt, wenn es der Gottheit um Massenbestrafungen geht. Soll es individueller werden, sind entweder Krankheiten, sogenannte schwere Schicksalsschläge oder Unfälle die üblichen Varianten des Strafvollzuges. Interessant ist natürlich, dass beispielsweise der Wert des menschlichen Lebens an sich, ausgedrückt im Verbot des Tötens, nur für die Mitglieder der eigenen Volks- oder Religionsgemeinschaft gilt. Wird nämlich die Strafe vom Bodenpersonal der jeweiligen Gottheit ausgeführt, was in der Regel äußerst brutale und grausame Vorstufen umfasst, bevor es mit dem Tod endet, gilt dieser Vorgang natürlich als Teil des Guten, vor allem dann, wenn er an den Gegnern des eigenen Chefs verübt wird.

Die gleiche Immunität genießt die jeweilige Gottheit selbst, denn sie straft nicht nur mit dem Tod, sondern auch mit Schmerz in Form von Krankheit (es ist eigentlich Folter) oder der Vernichtung und Wegnahme von lebenswichtigen Materialien (eigentlich Diebstahl), um nur zwei der vielen Bereiche zu nennen.

Entgegen der immer noch verbreiteten Annahme, genannt Glaube, riecht das Ganze nicht so sehr nach ungezügelten Gottheiten, sondern nach gängigen individuellen wie kollektiven Projektionsmechanismen, deren wir uns immer schon bedient haben, um uns nicht mit dem identifizieren zu müssen, was die jeweilige in Mode gekommene Selbstbehauptung irgendwie erschweren könnte. War die Selbstbehauptung wie in früheren Zeiten eine kollektive oder wie zunehmend seit der Neuzeit eine eher individuelle, ändert das am Mechanismus der Wertebildung nicht viel. Welche Selbstbehauptung es konkret ist, obliegt dem Geschmack der jeweiligen Zeit. Und so betonen wir gerade in der heutigen Zeit die individuelle Freiheit und gleichzeitig die Würde und natürlich die Liebe. Unter den drei bereits in den Rang eines Wertes »an sich« avancierten Begriffen kann und muss sich jeder von uns genau das vorstellen, was ihm angenehm ist (Liebe), für ihn ganz individuell passt (Freiheit) und gleichzeitig von anderen verlangt, darin respektiert zu werden (Würde). Würde uns auch nur einer dieser Werte von »oben« vorgegeben werden, fallen alle anderen in sich zusammen, denn dann wären wir ja nicht frei und schon gar nicht respektiert.

Der sich wandelnde Gott

Und dennoch versuchen erneut viele von uns, einen Gott zu kreieren, der genau diese Werte verkörpert und damit in sich begründet und erschafft und außer Zweifel stellt und dadurch Sicherheit gibt, die wir ja so sehr mögen. Und weil die Art von »Erfindung« immer noch länger als eine Generation dauert, bemerken wir sie nicht immer. Der strafende und gerechte Gott von vor fünfzig Jahren und früher weicht seit zwei, drei Jahrzehnten einem anderen, nämlich einem, der jetzt die Liebe ist und sie erschafft. Das mag auch so sein, nur soll es sich um den gleichen handeln. Wenn ja, dann ist er wandlungsfähiger als die Mehrheit von uns. Auf wen aber haben sich die Parteien im Dreißigjährigen Krieg berufen? Die Inquisition? Beim Hugenottenmord in der Bartolomäusnacht oder dem Völkermord während der Konquista der beiden Amerikas? Noch tragischer: Wie kommt es dazu, dass die drei größten und einflussreichsten monotheistischen Religionen, also das Judentum, das Christentum und der Islam, obwohl sie an den gleichen Schöpfergott glauben, es gleichzeitig und ohne größere Schwierigkeiten schaffen, immer noch massenweise Menschen in seinem Namen zu missachten oder gar zu töten?

Der Apfelgroßhandel am Baum der Erkenntnis

»Wir Chinesen hätten keinen Sündenfall begangen,
denn wir würden die Schlange und nicht den Apfel essen.«
Chan-Meister Hing Hui

Genau an dieser Stelle sollten wir uns erneut unter den Apfelbaum der Paradiesgeschichte begeben, um einmal genauer nachzuschauen, was da wirklich passiert sein soll. In der Erinnerung der meisten von uns blieb nämlich hängen, dass Adam und Eva dadurch, dass sie einen Apfel vom verbotenen Baum gegessen haben, stellvertretend für uns alle das Nicht-Bravsein, also den Ungehorsam, auch bekannt als die »Ur- bzw. Erbsünde«, begangen haben sollen. Diese Erinnerung kommt der Sache zwar nahe, ist aber trotzdem daneben. Genau genommen wollten unsere Vorfahren in

Sachen Sünde ja nicht von irgendeinem Baum essen, sondern vom Baum der Erkenntnis von Gut und Böse, und genau dies wird ihnen untersagt. Sie sollen sich einfach an den zahlreichen anderen Früchten erfreuen, anstatt glauben zu wissen, was Gut und Böse an sich ist. Dieses Wissen sei einfach eine Nummer zu groß für sie. Das ist der Kern der Schöpfungsgeschichte, auf der alle drei wertestiftende Religionen aufbauen. Ist das nicht tragikomisch? Die Komik besteht darin, dass alle drei tagein tagaus genau vorgeben zu wissen, was Gut und Böse ist. Die Tragik wiederum besteht darin, dass ihnen ihr eigener Chef gleich zu Beginn mehr als eindeutig klarmacht, dass genau das nicht ihr Geschäft ist. Und es trotzdem zu wissen glauben, die Ursünde, also der Beginn aller Übel ist.

Die Hauptsünde besteht also nicht darin, gegen eine ganze Tabelle von Geboten und Verboten zu verstoßen die alle darauf aufbauen, genau zu wissen, was Gut und Böse sei. Nein, genau das nicht. Die Hauptsünde besteht darin, ein Wissen vorzutäuschen, was das Gute und Böse an sich sei. Denn dieses Wissen haben wir bis heute nicht erlangen können.

Damit wird langsam klar, dass wir in der Regel, um einen Wert zu begründen, immer schon auf einen anderen vermeintlichen Wert verweisen müssen und zwar in der unbewussten Annahme, dieser sei doch wenigstens klar und über alle Zweifel erhaben. Genau diese Art von Erklärungsnot führte uns unter anderem dazu, uns ein jenseitiges mächtiges Wesen vorzustellen, das die letzte oder eben erste Ursache von allen Werten sein müsste, da wir mit dem Gefühl der eigenen Unwissenheit nicht klarkommen wollen. Allein schon daran sollten wir einsehen können, dass es zwar Werte geben kann und vermutlich auch muss, dass sie aber weder für alle Situationen noch für alle Zeiten gültig sein können. Damit sind sie alle, und zwar wirklich alle, weder universal noch absolut. Sie sind das, was sie sind: unsere mehr oder minder gelungenen Versuche, unser Zusammenleben zu gestalten. Und weil das Zusammenleben mit unseren

Selbstbehauptungstendenzen nahezu identisch ist, müssen diese das wahnsinnige Kunststück vollbringen, während ihrer eigenen Selbstbehauptung auch noch das Große und Ganze nicht aus dem Blickfeld zu verlieren. Das ist wirklich der Ort, an dem wir wenigstens eine dieser beiden Verantwortungen gerne abgeben würden und es in der Regel auch tun. Am besten natürlich beide. Und so landet die Verantwortung für die Werte bei den Göttern und die für die Selbstbehauptung, so sie nicht gelingen will, bei den bösen Eltern, Arbeitgebern oder Partnerinnen und Partnern oder, wenn alle Stricke reißen, dann beim Gegenboss, also dem Leibhaftigen persönlich. Funktioniert alles für ein paar Tage genauso, wie wir uns das vorstellen, sind alle Tempel dieser Welt leer und wir auf dem Gipfel der selbstbehaupteten Selbstbestätigung. Ansonsten versuchen wir ganz brav, die Götter mit allen möglichen Gaben zu bestechen, anstatt zu akzeptieren, damit leben zu lernen, unsere Grenzen anzuerkennen und deswegen auch unsere Regeln immer wieder neu auszurichten, gemäß den aktuellen Umständen und Erkenntnissen.

Was bei vielen unserer Wertekonflikte und diesbezüglich heftig vertretener persönlicher Absichten weit und breit fehlt, ist jeglicher Ansatz einer allgemeingültigen Definition dessen, was beispielsweise Freiheit, Würde oder Liebe an sich sein sollen, also unabhängig davon, was sich jeder Einzelne oder diverse Gruppen darunter vorstellen mögen. Der in diesem Zusammenhang ebenfalls häufig benutzte Verweis auf die individuelle Meinungsfreiheit als einen weiteren Wert verschiebt erneut die Unbegreiflichkeit eines oder mehrerer Werte auf die Gültigkeit eines scheinbar Übergeordneten. Beim genauen Hinschauen ist dieser Vorgang mehr als traurig. Stellen Sie sich doch bitte mal vor, der Wert, genannt Liebe oder Freiheit, würde wirklich von dem Wert der persönlichen Meinungsfreiheit abhängig sein. Erahnen Sie die Konsequenzen?

Vielleicht leuchtet uns langsam ein, dass der Raum hinter der Tür mit der Aufschrift »Chefbüro. Betreten verboten« unbewohnt und mit einer Unzahl weiterer Türen versehen ist, auf denen weder Schloss noch Riegel und schon gar nicht ein Verbotsschild hängen. Mehr noch: Alle Türen sind nur angelehnt und geben unserer Neugier nach. Sie möchten betreten, erlebt und erforscht werden. Es sind Türen in die Räume des Lebens, dessen endgültiges Geheimnis nicht mit der letzten Tür gelüftet, sondern bereits mit der ersten Tür offensichtlich wird. Und darin und mit all den bekannten und erahnten Räumen verwoben, ereignet sich unsere Fähigkeit, das Geheimnis dank des täglichen Erlebens des Lebens immer mehr zu erahnen. Ist das nicht wunderbar und es wert, gelebt zu werden?

Das ruhige Gewissen

»Wir erschrecken über unsere eigenen Sünden,
wenn wir sie an anderen erblicken.«
Johann Wolfgang Goethe

Das scheinbar unschuldige Lächeln zu Beginn unseres Trampelpfades ins Dickicht der Ethik und der Moral entpuppte sich als Flucht ins sicher geglaubte Terrain des Gut- und Besserseins. Kaum aber wollten wir es uns dort auf Dauer gemütlich machen, begann es uns hier und da zu jucken, und wir mussten mit Schrecken feststellen, dass der weich und einladend aussehende Hügel ein Ameisenhaufen ist, in dem es vor lauter Geschäftigkeit nur so wimmelt. An allen Ecken und Enden werden gute, bessere und obendrauf auch noch perfekte Verhaltensweisen befohlen und ausgeübt. Alles könnte gut sein, ist es aber nicht, denn allen Bemühungen zum Trotz stellt sich auch hier keine Zufriedenheit ein. In relativ kurzer Zeit zwang uns die Moral, unsere Hände erneut hoch zu heben und im besten aller Fälle sie so lange dort zu halten, bis das Jenseits, komplizierten Fragebögen folgend, uns erlaubt, das Strammstehen zu lockern. Kaum haben wir das geschafft, kommt um die Ecke der erste Beste, zückt eine Pistole und schießt den Vorwurf ab, wir wären immer noch nicht gut genug. Es kann schon sein, dass wir auch mit ihm fertig werden, schließlich haben wir eine Menge Selbstverteidigungskurse, getarnt als Persönlichkeitstrainings und Therapien, absolviert.

Am Ende in den eigenen sicheren vier Wänden angekommen und gemütlich auf dem Sofa sitzend, hören wir plötzlich im tiefsten Innern ein Geräusch. Es wird stärker und deutlicher. Es kann sogar sprechen. Und das Geräusch sagt ganz deutlich: Bilde dir nichts ein. Du bist nicht gut genug. Alles nur Äußerlichkeiten und glückliche Umstände. Wer bist du wirklich? Immer noch ein Nichts.

Diese Stimme müsste uns allen bekannt vorkommen. Sie ist so alt wie wir, genau genommen sogar älter, denn sie sagte uns bereits, wo es langgeht, bevor wir sie verstehen konnten und ihren Vorschlägen, die meistens Befehle waren, etwas entgegenzusetzen hatten. Ihr Name ist Programm und lautet: das Gewissen.

Und welch eine Überraschung: Wird das Gewissen ins Spiel gebracht, sind wir sofort damit beschäftigt, es zunächst einmal zu beruhigen. Als Nächstes folgt dann der Vorsatz, alles Mögliche mit einem guten und ruhigen Gewissen zu tun und es natürlich ja nicht so weit kommen zu lassen, dass es schlecht wird. Alles fein und gut. Was ist aber dieses Gewissen, um das wir uns seit Jahrtausenden drehen? Die populärste und am längsten gültige Antwort war und ist noch für viele: Es ist die Stimme Gottes in uns. Deswegen behauptete der einflussreichste Theologe aller Zeiten, Thomas von Aquin, dass alles, was gegen die Stimme des Gewissens getan werde, Sünde sei.

Nun aber mussten wir schmerzhaft feststellen, dass die meisten Stimmen im sogenannten Jenseits Echos unserer eignen Wünsche,

Vorstellungen und Befehle waren und dass der Raum unendlich größer, geheimnisvoller und vor allem stiller war, als wir ihn gern gesehen und vor allem erfasst hätten. Da man aber, erst heimlich und später offiziell, die in aller Welt verbreiteten Schriften, die den Absender Gott tragen, nach und nach zum Graphologen gebracht hat, kam sehr schnell heraus, wer und wann die Unterschrift fälschte. Natürlich mit gutem Gewissen.

Also langer Rede verkürzter Sinn: Spätestens dann, wenn sich alle Werte an sich und für sich – und auch die für mich und die für dich und die für uns alle und natürlich die für alle anderen auch noch – zwar als hilfreich, aber immer nur als von uns gemacht erweisen, dann könnten wir uns etwas entspannen, die Hände runternehmen und unser Leben so richtig wollüstig anpacken. Ja, das könnten wir, wäre die besagte Gewissensstimme nicht in uns, die blitzschnell unsere Hände erneut nach oben befördert. Wieso kann sie das so gut? Hier schließe ich mich der Meinung an, dass das, was wir als Gewissen bezeichnen, ein warnendes Aufkommen unserer individuellen wie auch kollektiven Konditionierungen ist. Mit anderen Worten: Unsere Ich-Struktur ist das konstante Ergebnis vielfältiger Konditionierungen. Darunter fallen alle möglichen schlimmen Erlebnisse, aber vor allem unsere Reaktionen auf diese Umstände, Ereignisse und Erlebnisse. Das bedeutet: Wenn wir als Kinder häufig das schlimme und bedrohliche Gefühl des Verlassenseins erleben mussten, weil die Mama wenig Zeit hatte oder nicht so auf unsere Nöte reagieren konnte, wie es vielleicht angemessen gewesen wäre, dann werden wir uns, nur um den alten Schmerz nicht erneut spüren zu müssen, heute von der Person distanzieren oder gar trennen, die uns nicht als zuverlässig genug erscheint. Und wir tun es mit gutem Gewissen, denn die von uns heute als unzuverlässig ausgemachte Handlung ist genauso schlimm wie die von damals. Sie ist einfach böse und die- oder derjenige, der sie ausführt, natürlich auch. Und wenn es ganz schlimm wehtut, dann ist die besagte Person die Verkörperung des Bösen schlechthin. Und weil es uns allen ähnlich geht, glauben wir, das Gute und das Böse generell, also objektiv lokalisiert zu haben.

Was individuell möglich und gängig ist, klappt kollektiv noch besser

Das Muster ist ähnlich. Alles, was meiner Selbstbehauptung wichtig ist, kann nur deswegen den Wichtigkeitsstatus erlangen, weil die Gemeinschaft es ebenfalls so sieht. Welcher Gemeinschaft ich dann angehöre, kommt auf die Umstände an. In der Regel suche ich mir unbewusst eine, die genau über diese Qualität verfügt. Und so bilden sich deswegen die meisten Gemeinschaften, damit ein wichtiges Element der Selbstbehauptung ihrer Mitglieder entsprechend gegenseitig kultiviert werden kann. Ob das der Klub der Reichen, der Bedürftigen, der Mächtigen, der Gläubigen oder der Atheisten ist – und von den Paarbeziehungen mal ganz zu schweigen –, sie alle dienen der gegenseitigen Unterstützung innerhalb der mühsamen Arbeit auf der Baustelle der jeweiligen Selbstbehauptung. Bin ich ängstlich, suche ich nach einer »starken« Gemeinschaft. Bin ich instabil, suche ich nach einem mächtigen Führer. Umgekehrt aber gilt genau das Gleiche: Will ich mich als mächtig selbst behaupten, muss ich mich mit Schwächeren umgeben oder meine Ängste unterdrücken. Will ich erfolgreich sein, müssen gleichzeitig andere oder etwas in mir verlieren oder möglichst lange nicht zum Vorschein kommen.

Wird aber das konstituierende Element der kollektiven Selbstbehauptung von einer Einzelperson oder einer anderen Gruppe zu stark in Frage gestellt, folgt eine Zurechtweisung, die bis zu allen erdenklichen Variationen eines Vernichtungskrieges führen kann und es bis heute auch tut. Dieser Kampf wird von den Mitgliedern der jeweiligen Gemeinschaft selbstverständlich mit einem ruhigen Gewissen geführt. Auch die Verteidiger tun es im gleichen ruhigen Gewissenszustand. Das ist die Erklärung dafür, weswegen so viele Grausamkeiten bis heute mit ruhigem, also abwesendem Gewissen vollzogen werden können. Das Gewissen ist ja nicht etwas, das es an sich gibt. Weit gefehlt! Gewissen nennen wir den Angriffs- und den Verteidigungsmechanismus unserer individuellen wie auch kollektiven Selbstbehauptung. Nicht mehr, aber auch nicht weniger. Wir sollten also beim Thema Gewissen die Götter und alle anderen Wesen aus dem Spiel lassen und ihnen nicht ständig heimlich das ein oder andere Mal offensichtlich unsere verrückten Taten in die Schuhe schieben. Das wäre zumindest der erste wichtige Schritt auf dem Weg in die Verantwortung.

Die Ethik fand und findet nicht den archimedischen Punkt, an dem sie ihr Regel- und Gesetzeswerk ein für alle Mal aufbauen könnte. Je schneller wir das einsehen, umso schneller können wir sachlicher die tausendundeine ungelöste Frage angehen und zwar aus der Perspektive des genaueren Hinschauens, des Fragens, des Erforschens und des Sich-Bewusstseins darüber, wie klein immer noch unser Erkenntnisvermögen ist und wie stark und unkontrollierbar sich der Drang nach Selbstbehauptung manifestiert.

Das wäre ein lebensgerechter und lebenswürdiger Ansatz, der den Namen Spiritualität verdienen könnte.

Sterben und Tod

»Ein Schüler fragt: ›Meister, du bist doch erwacht.
Kannst du sagen, was nach dem Tod kommt?‹
›Vielleicht bin ich erwacht, aber noch nicht tot‹, so der Meister.«
Zen-Geschichte

Auf unserem Trampelpfad taucht urplötzlich ein Schild auf. Darauf steht: »Noch nicht. Bitte warten«, und darunter in kleineren Buchstaben: »Gehen Sie bitte dorthin zurück, woher Sie gekommen sind. Sie werden persönlich abgeholt. Und machen Sie sich bitte keine Gedanken …« Den Rest konnte ich nicht mehr entziffern, es war schon zu dunkel und die Schrift etwas verwischt.

Machen Sie sich bitte keine Gedanken über den Tod – dieser Empfehlung zu folgen, fällt uns eigentlich sehr leicht. Denn, Hand aufs Herz, wann haben wir zum letzten Mal an den uns bevorstehenden Tod gedacht? Und angesichts der Tatsache, dass keiner von uns jemals wirklich sicher sein kann, den morgigen Tag zu erleben, ist es ein wahres Wunder, welches unser Bewusstsein ständig vollbringt, indem es diese Tatsache zu 99,99 Prozent ausblendet. Die Situation wird umso spannender, da unsere Hände-Hoch-Szene genau diesen Aspekt verkörpert, denn sonst würden wir ja die Pfötchen nicht so brav und schnell in die Höhe strecken. Warum also tun wir das? Weil wir nicht sterben wollen, so die schnelle Antwort. Damit wir aber den Tod ablehnen können, müssten wir ihn kennen, und ob das stimmt, wage ich sehr zu bezweifeln. Was lehnen wir mit dem Tod ab, indem wir ihn ablehnen? Ich denke, wir lehnen die Vorstellung ab, dass es mit uns in der gewohnten Form nicht mehr so weitergehen wird. Beachten Sie bitte: Die Betonung liegt auf der Ablehnung unserer Vorstellung bezüglich der Dauer unserer so sehr geliebten Selbstbehauptung. Nicht auf der Ablehnung des Todes. Nicht ihn lehnen wir ab, sondern die Unmöglichkeit der Fortsetzung der bisherigen Gewohnheiten. Mehr nicht. Das ist zu vergleichen mit einer geizigen Person. Der Geizige schaut nicht auf das, was er eventuell bekommt, sondern er schaut auf das, was er dafür wird bezahlen müssen, und entscheidet sich deswegen dagegen. Er will mindestens das behalten, was er hat, und am liebsten noch etwas dazu bekommen. Nur auf keinen Fall etwas aufs Spiel setzen, schon gar nicht sich selbst.

Das ist wie in einer alten slawischen Geschichte, in der im tiefsten kalten Winter ein alter und von Krankheiten gebeugter Mann mit großer Not und Mühe Reisig sammelt. Während er sich erneut bücken muss, um das Stückchen Holz aufzusammeln, und sich danach kaum noch aufrichten kann, bittet er den Tod, zu kommen und ihn von der Mühsal endlich zu erlösen. Der Tod hört es und kommt herbei. Als er vor dem Greis steht, fragt er ihn freundlich, was er für ihn tun könne. Der Greis antwortet ihm: Ach, hilf mir doch, das Reisig zu sammeln.

Selbst dann also, wenn unser Leben mit erhobenen Händen stattfindet oder wir uns mit Schüssen den Weg frei räumen müssen; selbst dann, wenn wir alt und krank geworden sind, aber die Schmerzen erträglich bleiben; selbst dann, wenn auch das Ertragen der Schmerzen kaum mehr möglich erscheint; selbst dann noch und wenigstens so lange die Hoffnung auf Linderung besteht, möchten wir damit nicht aufhören, uns selbst zu behaupten und mit jedem weiteren Atemzug »Ich bin …« ein- und »… werde noch sein« ausatmen. Natürlich gibt es Ausnahmen, und viele Menschen sterben ihren Tod spürbar jenseits unserer Szene mit den erhobenen Händen und der geladenen Pistole. Sie sind es, denen ich versuchen möchte, etwas genauer nachzuspüren.

Sterben lernen

»Wir müssen immer lernen, zuletzt auch noch sterben lernen.«
Marie von Ebner-Eschenbach

Es ist schade, dass wir mit dem Lernen fast nur noch negative Eigenschaften verbinden. Druck, Wettbewerb, Unlust, Zwang und die Niedergeschlagenheit nach einer nicht bestandenen Prüfung begleiten das Lernen wie ein aufgescheuchter Wespenschwarm. Dabei entstammt das Wort »Lernen« keinem der besagten Zusammenhänge. Es kommt aus dem Nachgehen, Nachspüren und dem Schnüffeln. In den slawischen Sprachen und in Latein aus dem Fühlen und dem Aufnehmen durch die Sinne. Das Wort »Lernen« verweist also auf eine Haltung, die wir beim Lernen geradezu verlernt haben. Es ist zunächst die Haltung der sinnlichen Verbundenheit mit dem, was gerade als das Neue und Unbekannte erscheint. Halten wir hier kurz inne. Wann haben wir die Gelegenheit genutzt, das für uns Neue zu beschnüffeln? Ich meine das nicht immer wortwörtlich, aber eben auch. Nicht von ungefähr kommt doch der Ausdruck: jemanden oder etwas nicht riechen zu können. Wir und unsere Kinder haben in den Schuljahren eine Menge Stoff auswendig lernen müssen, also sich Begriffe und Zusammenhänge einprägen müssen, ohne die meisten Gegenstände, Orte oder Menschen jemals gesehen und berührt zu haben. Wir können aber nur dann von einer

Prägung sprechen, wenn eine Begegnung auch unter Einbeziehung der Sinne und damit des Körpers stattgefunden hat. Diese Unterscheidung des Wissens ist wichtig, denn eine ganze Menge des Gelernten und Gewussten ist zwar richtig und schlüssig, jedoch nicht prägend. Und da ist er mal wieder, der kleine, aber so entscheidende Unterschied. Betrachten Sie bitte einen Augenblick lang das, was Sie wirklich im Leben geprägt hat. Sie werden feststellen müssen, dass es eher Personen, Orte und Ereignisse waren, wo Sie plötzlich mit allen Ihren Sinnen dabei gewesen sind. Erst dank solch einer Präsenz von Ihrer Seite – und natürlich auch vom Gegenüber – war es möglich, dass das Lernen im ursprünglichen Sinne des Wortes stattgefunden hat. Und das, was Sie damals gelernt haben, war normalerweise so prägend, dass es Sie bis heute noch bestimmt.

Was hat Lernen mit dem Sterben zu tun?

Entsprechend dem Verständnis vom Lernen könnten wir das Sterbenlernen am besten dann erlernen, wenn es uns jemand vormacht. Und hier stehen wir vor einem Problem und das nicht nur heute, sondern immer schon und heute vielleicht in einer neuen und besonderen Weise.

In meiner Kindheit hatte ich das Gefühl, der Tod war gegenwärtiger. Viele sprachen oft über ihn, und die Atmosphäre umfasste Angst, bei manchen Ehrfurcht – was nicht das Gleiche wie die Angst ist –, denn in ihr steckt viel Ehrfurcht, ja Bewunderung mit drin, das in der Stimmmelodie zu hören war. Nicht zuletzt war bei den meisten eine gute Prise Neugier zu spüren, denn obwohl sie alle katholisch waren, hatte ich das starke Gefühl, der Glaube kann weder die Angst noch die Neugier befriedigen. Er schaffte es lediglich, die Tür der Vorstellungskraft nicht zuzumachen, und hielt so die neugierige Präsenz weiterhin aufrecht. Und das war wirklich nicht wenig. Und als es dann so weit war, wurden die Verstorbenen zwei oder drei Tage im Wohnzimmer ihrer Wohnungen aufgebahrt, und alle kamen sich zu verabschieden. Der Sarg war offen. Der Verstorbene gegangen und doch noch da. Und dann kam noch die Trauer. Ganz in Schwarz und einige Monate lang, und ich hatte das Gefühl, dass sie den unmittelbar Getroffenen und Berührten willkommen war, denn sie gab ihnen eine Art Schutz und Auszeichnung zugleich, die alle anderen schon von Weitem bat: Gehe mit mir behutsamer um als sonst, ich brauche gerade viel von meiner Kraft für die Wandlung und Neuorganisation meiner bisherigen Selbstbehauptungsstrategie.

Was ich persönlich am lehrreichsten fand und immer noch finde, ist die Möglichkeit zu haben, dem Sterben direkt zu begegnen. Damit meine ich vor allem die Tatsache, dass Menschen, die sich in dieser Lebensphase befinden, auch weiterhin unter uns weilen, Besuch zulassen und empfangen und wir uns natürlich die Zeit und vor allem den Mut nehmen, sie aufzusuchen. Hier haben das Einrichten unterschiedlichster, dem jeweiligen kulturellen Kontext der Personen angepassten Hospize und die Selbstverständlichkeit einer Palliativstation in jedem größeren Krankenhaus sehr viel in diesem Sinne bewirkt.

Den Tod verweigern

»Aufschub ist die tödlichste Form der Ablehnung.«
Cyril Parkinson

Für mich als Lehrling in der Schulbank des Sterbenlernens war und ist prägend, gespürt zu haben, wie einige Menschen sich dem Tode verweigern wollten, und ich glaube, gespürt zu haben, dass einige Personen den Tod nicht nur gedanklich nicht wahrhaben wollten, indem sie an ihn einfach nicht zu denken versuchten, denn dieses »Nur-nicht-an-ihn-Denken« ist während des Sterbeprozesses selber einfach zu schwach. Vielmehr war es eine wachsende ganzkörperliche Haltung, die auch meinen Körper dazu bewegte, mich anzuspannen und mit aufzulehnen, so als müsste ich mithelfen, das sich Ereignende aufzuhalten.

So wurde mir im Laufe der Jahre immer klarer, dass die Ähnlichkeit dieser Verweigerung mit den anderen und ebenso prägenden Lebenssituationen sehr groß ist. Da ist die Bewegung der Lust, die wir nur ansatzweise wahrnehmen und deren Wahrnehmung wir uns häufig mit den verschiedensten Argumenten verweigern. Da ist auch die Bewegung des Schmerzes, die wir nahezu immer abzuwürgen versuchen. Es kommen Trauer, Neugier und die Kraft, etwas ganz und gar Neues zu riskieren und es am Ende doch nicht getan zu haben. Etwas von all dem glaubte ich gespürt zu haben, wenn die Person, die ich begleiten durfte, »dagegen« war. Es war diese Ähnlichkeit in der körperlichen Haltung, in der Art, wie sich die Gesichtszüge formten, wenn das, was wirklich jetzt da ist und ansteht, nicht gewollt und deswegen erneut verschoben werden will.

Was Lernen sein kann

Lernen ereignet sich nahezu immer dann, wenn wir gegenseitig in einer Art Resonanzverhältnis stehen. Und das geschieht nahezu ununterbrochen mit all dem, was ich meine Umgebung nenne. Sehe ich jemanden angespannt, dann tendiere ich schnell und unbewusst dazu, die gleiche Haltung einzunehmen, denn es könnte eine Gefahr da sein, welche von der Person schon, von mir aber noch nicht direkt bemerkt worden ist. Das Gleiche gilt natürlich für die Kunst, sich zu entspannen. Sich in der Gegenwart angespannter Menschen zu entspannen, ist unbewusst nahezu unmöglich. Zusätzlich müssen wir noch damit rechnen, dass unser System blitzschnell, und ebenso ohne die Zuhilfenahme der Gedanken, die jetzige Situation anhand ganz weniger Einzelheiten mit bereits lang zurückliegenden prägenden Erlebnissen vergleicht und sofort entsprechend reagiert, und zwar genauso oder sehr ähnlich wie damals. Das alles ist hilfreich, um zu sehen, dass die Verweigerung, sich dem Sterben hinzugeben, nicht eine Haltung ist, die nur jetzt, in dieser einen und besonderen Situation aufkommt. Wir haben die Verweigerungshaltung bereits sehr lange geübt. Und es spricht einiges dafür, dass es uns gelungen ist, sie eben dank der Unterstützung unserer Umgebung zu erlernen. Die entscheidenden Menschen um uns herum waren für uns wortwörtlich prägend. Deswegen ist nicht so sehr wichtig, was ich über den Tod so alles Mögliche denke und meine, sondern wie ich bisher mit den Lebenssituationen umgegangen bin, in denen das Unbekannte und Unkontrollierbare auf mich zukamen und meinen Selbstbehauptungsmechanismus kurzfristig zum Stehen brachten.

Mir wurde bewusst, dass mein Sterbenlernen schon längst begonnen hat und die ganze Zeit stattfindet. Ich lerne es am besten dann, wenn ich bereit bin, mich zumindest in der Wahrnehmung dem zu öffnen, was mich unmittelbar angeht. Das klingt nach wenig. Überprüfen Sie es bitte und Sie werden sehen, wie viel das ist.

In diesem Zusammenhang noch eine kleine Bemerkung: Ich habe den Eindruck, dass wir dem Machen und Tun eine viel größere Rolle zugestehen als der Fähigkeit des Spürens und des Wahrnehmens. Das ist gleich aus mehreren Gründen sehr schade. Der wichtigste scheint mir zu sein, dass wir ohne genauere Wahrnehmung nicht in der Lage sind, wirklich auf das zu reagieren, was sich unmittelbar jetzt ereignet. Ist unsere Wahrnehmung und mit ihr unsere Resonanzfähigkeit gedämpft, haben wir bereits reagiert und zwar, indem wir sie beide runtergefahren haben. Das konnte unser System nur deswegen so schnell tun, weil es durch seine Vergleiche mit unbewussten und lang zurückliegenden Ereignissen eine Ähnlichkeit gefunden zu haben glaubte, vor der es uns erneut schützen möchte. Und wie tut das System es? Indem es unsere, also seine eigene Wahrnehmungsfähigkeit herunterfährt. Erst nachdem unsere Wahrnehmungsfähigkeit geringer geworden ist und wir nicht mehr in Resonanz mit dem, was jetzt geschieht, sind, können wir uns sichtbar abwenden, also handeln. Das Handeln ist in der Regel nur noch der sichtbare Teil einer bereits viel früher stattgefundenen Konditionierung. Und diese stimmt mit dem, was jetzt ist, viel zu selten überein. Leider.

Können wir Sterben lernen? Ja, das können wir. Es spricht viel dafür, dass wir das Sterben am besten dann lernen, wenn wir das Leben zu leben lernen. Und Lebenlernen bedeutet, sich mehr auf das Leben einzulassen. Und sich mehr auf das Leben einzulassen, bedeutet, es mehr wahrzunehmen. Und es mehr wahrzunehmen, bedeutet, es mehr zu spüren. Und es mehr zu spüren, bedeutet zu entdecken, dass wir das Leben sind. Und das zu entdecken, bedeutet, weniger Angst vor dem Leben zu haben. Und weniger Angst vor dem Leben zu haben, bedeutet, sich weniger anzuspannen. Und sich nicht ständig anzuspannen, bedeutet, häufiger und länger in Resonanz mit allem, was erscheint und so wie es erscheint, zu sein. Und das bedeutet auch, sterben zu können, weil Sterben ein Teil des Lebens ist.

Ewiges Leben

»Nicht im Jenseits liegt das Paradies, sondern im Abseits.«
Hans Kreilsheimer

Das Sterbenlernen ist ein Lernen, das nicht erst mit der Nachricht beginnt, man hätte Krebs, eine andere ernsthafte Erkrankung oder aber ein Alter, das mit dem Nahen des Todes verknüpft wird. Schieben wir das Erlernen bis zuletzt vor uns her, dann erhöht sich die Wahrscheinlichkeit, dass wir entweder mit erhobenen Händen oder aber auf der Flucht vor dem Tod sterben werden, weil wir die ganze Zeit den Tod als die eindeutigste auf uns gerichtete Pistole wahrnehmen. Wir neigen dazu, letztendlich die Interpretation unserer »Hände-Hoch-Szene« ausschließlich mit der Bedrohung durch den Tod gleichzusetzten und den Tod als die Bedrohung schlechthin anzusehen. Und was tun wir für gewöhnlich angesichts einer Todesbedrohung? Wir laufen weg, und zwar so schnell es geht. Und wohin? Das wissen wir zunächst noch gar nicht. Das Wichtigste in diesem Moment ist das Weglaufen. Das Wohin wird erst im Nachhinein kreiert, also dann, wenn wir bereits etwas länger unterwegs sind. Es hat auch meistens den Sinn, unsere anerzogene und geerbte Feigheit angesichts des Todes als Heldentat umzudeuten. Wir hätten dann die Krankheit besiegt – so unsere übliche Rede. Manche von uns gehen so weit und behaupten, sie befänden sich im Kampf gegen den Tod und hätten gewonnen. Nun, es ist zwar üblich, solche Formulierungen zu benutzen, ob sie dem Ereignis, über das wir gerade sprechen, wirklich gerecht werden, sei sehr dahingestellt. Solange wir das, was wir da sagen, auch nicht ganz fest glauben, können wir es durchgehen lassen.

Viel interessanter, weil als Fluchttendenz nahezu unsichtbar, ist die Vorstellung davon, wie es nach dem Tod weitergehen wird.

Normalerweise ist es seit Jahrhunderten so, dass wir, wie bereits im zweiten Kapitel skizziert, in die Glaubens- und Vorstellungswelt unserer Umwelt hineinerzogen werden. Dadurch sind für viele von uns diese Welten genauso real wie wir selbst, weil sie zum festen Bestandteil unserer Selbstbehauptung dazugehören. Wenn ich also sage, ich bin ein Jude, Christ oder Hindu, dann gehört zu dem »Ich bin« die jeweilige Vorstellung von »Ich werde erlöst«, »wiedergeboren« oder am »Jüngsten Tag erweckt«. Werde ich beispielsweise im Bewusstsein eines Endgerichtes erzogen, dann wird die Angst vor Verfehlungen zum festen Bestandteil meiner Identität werden und ich werde einiges dafür tun müssen, mich aller meiner Handlungen zum Trotz als unschuldig zu behaupten. Ähnlich würde es mir ergehen, wenn die Umgebung meine Fähigkeit zu Selbstbehauptung dahingehend prägt, eine bestimmte Form von Wiedergeburt zu erlangen und andere zu vermeiden. Ich werde bewusst und unbewusst mein Leben aus dieser Prägung heraus gestalten, und das bedeutet natürlich auch: mein Sterben.

Wenn der Glaube an ein Leben nach dem Tod zum Hindernis wird

Was zunächst als ein Paradox erscheinen mag, ist aus meiner Erfahrung wirklich eine interessante, vermutlich sogar die ausgeklügelste Form der Todesvermeidung. Warum? Weil wir uns angesichts des völlig unbekannten Ereignisses, anstatt uns in das Sterben hinein zu leben, dank der Vorstellungen von dem, was wir glauben, dass es ist und sein wird, die ganze Zeit selbst behaupten. Vergegenwärtigen Sie sich bitte doch die Situation: Sterben kann an sich bedeuten, eben nichts mehr von dem zu machen, denken und sein, was wir bisher dafür gehalten haben. Nichts. Wirklich nichts.

Sollte etwas davon bleiben, dann ist es nicht sterben, sondern ein

Wechsel, ein Übergang von uns, in was auch immer uns jetzt dazu einfällt. Aber eben einfällt, denn woher, bitte schön, wollen wir es wirklich wissen? Wer ist es, der immer noch und allen Ernstes behaupten kann, er wisse darüber Bescheid, was der Tod und das Danach bedeuten? Mehr noch: Wer kann ernsthaft von sich behaupten, er wisse darüber Bescheid, was das Leben, der Kosmos, aber auch die ein paar Punkte auf dem Rücken eines Maikäfers wirklich zu bedeuten haben? Wie kommt es dazu, dass eine Großzahl von uns über das Leben nach dem Tod mit solch einer Selbstverständlichkeit redet, als wären wir gerade mal wieder dort gewesen und hätten uns doch noch für ein paar Tage des Hierseins entschieden, weil uns anscheinend die Zurückgelassenen doch noch so viel bedeuten, dass wir sie unbedingt dazu überreden müssen, auf den gleichen Zug aufzuspringen? Wer sind wir denn? Wir, die wir es trotz aller Satelliten immer noch nicht hinbekommen, das Wetter für ein paar Tage im Voraus zu erkennen, und es so gut wie nie schaffen, 6 richtige Zahlen aus dem überschaubaren Pool von 49 anzukreuzen. Ganz zu schweigen von der Unfähigkeit, auch nur ein paar Jahre miteinander so zu leben, dass uns allen das Herz derart aufgeht und wir gemeinschaftlich auch nur einen Hauch der uns Menschen möglichen Fülle im Hier und Jetzt genießen könnten. Diese wäre mit Sicherheit prägender für uns selbst, von unseren Kindern und allen anderen Lebewesen eben mal nicht abgesehen.

Wir schaffen das und vieles andere nicht und zwar vor allem deswegen nicht, weil das, was wir Wirklichkeit oder Leben nennen, so unendlich groß und komplex ist, dass es schlichtweg alles erdenkliche Wissen, Fühlen und Wahrnehmen übersteigt. Wir erfassen das Leben nicht. Wir begreifen es nicht wirklich, und unser Gefühl der Kontrolle entpuppt sich immer wieder als eine weitere Sackgasse innerhalb der Geisterfahrt der Selbstbehauptungsmaschinerie. Wir haben es bis jetzt nicht wirklich geschafft, unser Hiersein auch nur ansatzweise so einzurichten und zu gestalten, dass die kommende, bereits mit uns lebende nächste Generation mit Dankbarkeit auf uns schauen und mit Lust in das von uns gestaltete tägliche Leben einsteigen würde, um da weiterzumachen, wo wir in Kürze aufhören werden. Von all dem also kaum eine Spur.

Umso erstaunlicher ist es zu sehen, mit welcher Selbstverständlichkeit wir unsere Vorstellungen vom Tod und dem, was mit Sicherheit danach zu geschehen hat, von anderen übernehmen, etwas daran basteln, damit es zu uns passt, und es, ohne je die Möglichkeit des Überprüfens gehabt zu haben, weitergeben. Bitte verwechseln Sie mein kurzes Plädoyer nicht mit der Ablehnung einer unser Ich übersteigenden Wirklichkeit. Ganz im Gegenteil. Was mir sehr am Herzen und Verstand gleichzeitig liegt, bezieht sich lediglich auf die Zurechtweisung unserer anmaßenden Selbstbehauptung, der es im Diesseits zu keiner nennenswerten und bewohnbaren Einrichtung gereicht hat, die sich aber umso stärker dazu berufen fühlt, das Jenseits möblieren zu müssen.

Inmitten der beschriebenen Unsicherheiten scheint es eine Sicherheit zu geben, nämlich die Sicherheit darüber, dass wir keine endgültige Sicherheit haben können und vielleicht auch haben werden und, was das Wichtigste ist, eine solche unter Umständen auch gar nicht benötigen. Alles, wirklich alles, was wir als menschliche, übermenschliche, religiöse oder spirituelle Erfahrungen bezeichnen, ereignen sich jetzt. Offener Raum, Einheit, Grenzenlosigkeit, umfassende Liebe oder Leerheit können sehr beglückend, ja prägend für unser Leben sein. Ich gebe auch gerne zu: Sie verführen uns zu meinen, genau so wird es nach dem Tod sein. Für immer und ewig und wir sind dabei. Genau das scheint unsere Achillesferse zu sein, unsere Selbstbehauptungsgewohnheit in alle Ewigkeit fortgesetzt zu sehen. Noch genauer formuliert: Wir wollen ewig sein.

Darin und nur darin stimmen alle Jenseitsvorstellungen der Menschen überein. In ihnen allen gibt es eine einzige Konstante: uns. Ob wir wiedergeboren werden, in verschiedenen Paradiesen das Leben genießen oder in diversen Höllen gequält werden. Immer sind es wir, die weiterhin im wahren Mittelpunkt des Geschehens stehen.

Ob das die wirkliche Erfüllung sein kann, wage ich sehr zu bezweifeln. Und so wäre es von großem Vorteil, wenn wir uns, so uns die Umstände dazu einladen werden, dem Sterben überlassen und dabei sind, Atemzug um Atemzug, um mit einer jener Ausatmungen, die wir von außen gesehen die letzte nennen, das Gewusste, Gewollte, Vorgestellte, Geglaubte, Erfahrene und Gewünschte einfach mal dem jetzt stattfindenden Geschehen zu überlassen. Indem wir uns ganz und gar dem Jetzt überlassen, ohne in letzter Sekunde ein gewohntes »Wenn« oder »Aber« zu mobilisieren. Vielleicht wären wir dann ein für alle Mal wirklich »ein-verstanden« mit dem, was gerade geschehen will. Wir wären der Atemzug, die Stille, der Raum und damit immer noch das Leben, aber eben nicht mehr atmend und auch nicht mehr im Raum oder in der Stille. Erneut ein kleiner, aber so entscheidender Unterschied. Aber selbst das ist, ab einem gewissen Moment, aus unserer Perspektive heraus nur schon wieder Spekulation.

Widerstehen wir bitte jeglicher weiteren Fragestellung und lassen, wenn's so weit ist, ihn, den Tod, geschehen.

Sechs Mal klingelt der Wecker

»Der Mensch ist das einzige Lebewesen,
das von sich eine schlechte Meinung hat.«
George Bernard Shaw

»Man will wissen, dass im ganzen Land seit 500 Jahren
niemand vor Freude gestorben wäre.«
Georg Christoph Lichtenberg

Wir verdanken die erhobenen Hände der auf uns gerichteten Pistole. Aber auch umgekehrt verdanken wir der Pistole die Tatsache, dass wir mit ihr in der Hand so manche Hände nach oben befördern können und mit der Stimme unseres Gewissens sogar unsere eigenen. Im Laufe dessen, was wir als unser Leben bezeichnen, haben wir so gut wie jede der in der Hände-Hoch-Szene möglichen Perspektiven verkörpert. Wir kamen auf die Idee, uns selbst und alle anderen unter Druck zu setzen, und wir sind es auch, die diesem Druck auf Dauer nicht standhalten können und wollen. So gesehen und vor allem so erfahren und erlebt, müssen wir feststellen, dass es innerhalb dieser Szene keine Rolle gibt, die wirklich befriedigend wäre. Ganz gleich, was wir uns vorgenommen haben, das Glück, wenn es sich denn überhaupt eingestellt hat, war nicht von Dauer. Diesem Umstand des permanenten Unwohlseins verdanken wir die kleine Reise des genaueren Hinspürens und Hinschauens. Daraus ist unser Trampelpfad entstanden. Genau unter unseren Füßen und während des Gehens. Wir gingen los und waren natürlich bewaffnet. Auch die Pazifistinnen und Pazifisten unter uns waren sich zunächst nicht bewusst, dass sie ihren momentanen Frieden nicht sich selbst, sondern dem geerbten Colt verdanken. Natürlich dachten sie und manch anderer unter uns, wir erben nur das, was uns als gut und richtig erscheint, und überwinden damit ganz gewollt und bewusst alle Fehler der vergangenen Generationen. Komischerweise war der alte Colt doch dabei, war immer griffbereit, und wir hatten das Gefühl, ein paar Mal von ihm Gebrauch machen zu müssen. Genau genommen waren es sechs Schüsse, die wir, in Form der jeweiligen Kapitel, abgegeben haben. Sollen wir jetzt nachladen? Müssen wir es sogar tun? An Munition scheint es nicht zu mangeln. Aber nicht jede passt in unseren Colt. Die Waffen haben sich verändert. Unsere Nachfolger haben den Colt weiterentwickelt, ja weiterentwickeln müssen, denn, wen wundert es wirklich, sie sind ja in unserer Hände-Hoch-Schule groß geworden. Und wir? Haben wir die »Hände-Hoch-Schule« des Lebens erfunden oder sind wir ebenfalls in ihr herumgetollt, mit aller Selbstverständlichkeit natürlich, weil sie die einzige Welt war, die da war und daher alternativlos?

Sind wir jetzt wirklich entwaffnet?

Sind wir schon ein wenig weiter auf dem Weg dahin, weise, erfüllt, friedfertig und liebend zu werden? Ist das überhaupt unser Ziel oder haben wir das Ziel gleich mit dem Colt mitgeerbt? Als Zielscheibe lag da doch was dabei, damit wir sofort losschießen können. Sind wir auf unserem Trampelpfad wenigstens ein paar Schritte weiter in die richtige Richtung gegangen? Gibt es das »Dorthin«, wohin seit Jahrtausenden die Menschheit sich hätte entwickeln sollen und müssen? Ich weiß es wirklich nicht, und diejenigen, die es vorgeben zu wissen, haben es nicht geschafft, mich von ihren Zielen und Visionen zu überzeugen.

Was immer da war und immer noch möglich ist, nenne ich ein kleines Erwachen. Ein immer wieder stattfindendes Erwachen. Ein Erwachen nicht in die endgültige Weisheit und Erkenntnis hinein, sondern ein Erwachen aus den Annahmen, Interpretationen, dem Wissen und dem Besserwissen. Ein Erwachen in den offenen und frischen Raum unseres Daseins hinein, in dem wir unmittelbar realisieren, wie frisch, einmalig, wunder- und geheimnisvoll das Leben ist und in welcher unermesslichen Fülle es sich gerade jetzt ereignet. Dieses Erwachen ist die plötzliche Liebe des Lebens zu sich selbst. Eine gigantische und zugleich zarte Umarmung, die nichts, aber auch wirklich nichts ausschließt. In dieser Umarmung merken wir bis in die Knochen hinein, wie untrennbar alles miteinander zusammenhängt. Zum Erwachen gehört auch das Bewusstsein dazu, wie wenig wir wirklich in der Hand haben und mit wie wenig wir mehr als genug haben. Und keine Sorge, wir müssen uns nicht um den Wecker kümmern, der uns weckt. Er klingelt immer zur richtigen Zeit. Dafür sorgt das Leben selbst. Ständig. Was wir allerdings gelernt haben, ist, ihn zu ignorieren. Wir haben gelernt, seinen Weckruf zu ignorieren, und stattdessen haben wir das Kommando über das Leben selbst in die Hand genommen. So jedenfalls unsere »Ein-bildung«. Was wir tatsächlich in der Hand halten, sind in der Regel Schreckschusspistolen, die uns deswegen eine Menge Selbstsicherheit verschaffen, weil wir ihr Geräusch mit dem Weckruf des Lebens gleichsetzen und damit verwechseln. Sechs dieser Schusssituationen haben wir gesehen, die Schüsse gehört und vermutlich den eigentlichen Weckruf überhört. Das ist normal. Deswegen gibt es in unserer Kultur den Begriff Ruminatio. Es bedeutet wörtlich das Wiederkäuen der Nahrung als eine Eigenschaft bestimmter Tierarten. Interessanterweise wird das Wort Ruminatio auch dafür verwendet, bestimmte Texte und Gebete immer wieder durchzukauen. Und genau das machen wir jetzt, ganz kurz, um den Weckruf und nicht den Klang der Platzpatronen hervorzuheben.

Hände-Hoch oder wessen Idee war diese Szene eigentlich?

»Denke positiv, und wenn du den Eindruck hast, dass dieses Leben ein Theater ist, dann suche die eine Rolle, die dir wirklich Spaß macht.«
William Shakespeare

Die Hände-Hoch-Szenen unseres Lebens gehören zu den Standardeinstellungen schlechthin. Weil sie schon so lange als »normal« gelten, können sie gerade deswegen keinen mehr wirklich verwundern. Im Laufe der Jahrtausende wurden sie mit dem Leben als identisch gesetzt. Das ist die perfekteste Tarnung überhaupt.

Wir werden alle in diese Szene hineinerzogen, damit wir, je nach den Umständen, genau wissen, wann und vor wem wir die Hände sofort erheben müssen, wann lohnt es sich abzuwarten, wann könnten wir eine Gegenattacke starten oder wen und wann sollten wir mit unserer Pistole ins Visier nehmen. Aber wie gesagt, die Szene ist unvermeidlich, weil wir sie mit der Erziehung aufgesogen haben. Sie ist auch deswegen unvermeidlich, weil wir unsere Erziehung nicht bestimmen können, umgekehrt aber konnten es unsere Eltern und Großeltern ebenfalls weit weniger, als wir uns das gerne vorstellen. Mehr noch: Wir sind das Ergebnis unserer Erziehung und einer ganzen Reihe weiterer Umstände und Konditionierungen, von denen im Laufe der Jahre des genaueren Hinschauens und der Erforschung immer mehr zum Vorschein kommen. Somit ist nicht mehr möglich, etwas Fixes und Festes an sich ausfindig zu machen, das als allgemeingültiger und natürlich allgemein anerkannter Bezugspunkt gelten könnte. Unsere personalisierten Gottes- und Schicksalsbilder haben alle der Reihe nach versagt.

Alles nur Veränderungen in Veränderungen und von Veränderungen umgeben, die sich wiederum innerhalb von Veränderungen verändern, verändert von Veränderungen. Klingt schwindelerregend, oder? Deswegen können wir froh sein, dass unser System die Fähigkeit ist, diese geheimnisvolle Komplexität so stark zu reduzierten, dass uns die Welt und wir selbst recht konstant, ja statisch erscheinen. Aber wie gesagt, diesen Eindruck erzeugt unser System selbst, womit er sich selbst am meisten stabilisiert. Eine Prise des Erwachens und schon sind wir im Fluss des Flusses des unüberschaubaren Fließens.

Der Hunger nach Leben

Eben dank des stillen, konsequent genaueren Hinschauens werden wir uns dessen bewusst, dass alles – und ich meine wirklich alles – ebenfalls das Ergebnis der Umstände und gegenseitiger Wechselwirkungen ist. Woher dann die Konstanz unserer Szene? Eine Konstanz und das Gefühl von Dauer ergeben sich vor allem mit dem Aufkommen der Sprache. Erst mit ihr und der Gabe der Erinnerung beginnen Geschichten aufzutauchen, und an die prägendsten Storys kann man sich am besten erinnern und sie natürlich auch weitergeben. Die Hände-Hoch-Szene ist so eine Story. Vermutlich deswegen, weil bereits unser Hungerschrei im zarten Säuglingsalter ein Schrei ums Überleben war, und hätten wir's vermocht, würden wir vor Wut und Verzweiflung das Gitterbettchen in Trümmer schlagen und die Mama an der Brust heranschleifen, so wichtig war es uns, zum gegebenen Zeitpunkt zu essen und eben nicht ein paar Minuten später. Etwas in uns begann zu ahnen, dass die Pistole mit dem Hunger und der Lust zum Leben mitgeliefert wurde.

Ab da und genau solchen wie auch vielen ähnlichen Situationen geschuldet, werden wir lange brauchen, um zu merken, dass wir erfreulicherweise unsere Nahrung, sowie das Dach über unserem Kopf und auch über den Köpfen derer, die uns nahestehen, auf friedliche und konstruktive Weise erarbeiten können. Wir werden lange brauchen, aber wir können es sehen, dass die Hände-Hoch-Szene lediglich eine alte Gewohnheit ist aus einer Zeit, in der wir alles, was wir brauchten, mit der gezuckten Pistole des Schreis verlangten und davon ausgehen mussten, die anderen sind vor allem dazu da, mir das zu geben, was und wann ich es brauche, normalerweise sofort.

In dem Moment aber, indem wir realisieren, dass es den anderen ebenso geht wie uns, geschieht ein wichtiges Erwachen. Wir sind immer dann guter Dinge, wenn wir mit einer geladenen Pistole berechtigter Ansprüche losziehen. Wir sind aber völlig überrascht und finden es unfair, wenn uns plötzlich jemand von hinten eine Pistole mit ähnlich geladenen Forderungen in den Rücken bohrt. Was für eine Gemeinheit und Ungerechtigkeit schreit es in uns – aber ganz still –, denn das Unterdrücken haben wir auch gut lernen müssen. Irgendwann mal kommt es zum Schuss. Der Krach und Gestank des Schusses verletzten unsere Ansprüche auf die Durchsetzung eigener Wünsche. Aber das war es auch schon. Mehr passiert in aller Regel nicht. Deswegen, wenn wir trotzdem in dieser Situation wach und achtsam dabei bleiben, merken wir, dass die Szene so nicht mehr stimmt. Wir werden nicht wirklich verletzt, sondern lediglich beleidigt, was erneut der kleine, aber feine Unterschied ist. Bleiben wir mit unserer Achtsamkeit beim Beleidigtsein dabei, dann lässt auch dieses Gefühl nach und wir spüren den tiefen Wunsch, gesehen zu werden, und zwar nicht wegen der so berechtigten Ansprüche, die in unserer Pistole stecken, sondern weil wir da sind und dazugehören wie alle anderen auch.

Der Wecker hat ganz leise geklingelt, und wir reiben uns die vor Wut und Verzweiflung verklebten Augen. Was wir jetzt langsam sehen können, ist, dass in Wirklichkeit keiner eine Pistole trägt, aber blitzschnell so aufzutreten vermag, als hätte er eine, ja als wäre er selbst in diesem Augenblick eine. Wir haben realisiert, dass diese Szene immer nur neu gespielt wird und es von unserer Wachheit und Achtsamkeit abhängt wie oft und wie lange noch.

Ich bin – oder der Duft der leeren Patronenhülse

> *»Der unzufriedene Mensch findet*
> *keinen bequemen Stuhl.«*
> *Benjamin Franklin*

Die Freude am ersten Erwachen war wirklich echt. Sie währte nur nicht lange. Das lag zwar nur an einem, dafür aber entscheidenden Punkt: an uns selbst. In diesem Falle ging es nicht darum, was wir tun oder lassen, sondern wer wir eigentlich sind. Die Frage nach dem Ich entpuppte sich als die Gretchenfrage schlechthin.

Wie sich gezeigt hat, gehört zu unserer Grundausstattung die Fähigkeit dazu, ganz wichtige Sachen einfach auszublenden. Wir wechseln die Rollen und die Varianten der Hände-Hoch-Szene rauf und runter, ohne sich die Frage zu stellen, wer dieses Ich ist, das da glaubt, egal welche, gefühlt aber immer die Hauptrolle spielen zu müssen. Erschien uns vorher die Normalität als die beste Tarnung, so müssen wir jetzt eingestehen, dass als Tarnung die Selbstverständlichkeit die Normalität um einiges übertrifft. Während die Hinterfragung des »Normalen« als unnötig empfunden wird, gilt die Hinterfragung des Selbstverständlichen als reiner Zeitverlust, wenn nicht gar als lächerlich. Das führt unmissverständlich dazu, dass hier das Klingeln des Weckers als widriger Umstand des Lebens interpretiert wird, gegen den sich unser Ich zu widersetzen, zu behaupten und an dem es zu wachsen hat. Widerspruch zwecklos. Ist doch selbstverständlich.

Erfreulicherweise gab es immer schon vereinzelte Verrückte oder an den scheinbaren Selbstverständlichkeiten Verzweifelnde, die sich selbst etwas genauer durchschaut haben. Und was haben sie gesehen? Sie haben wortwörtlich hindurchgeschaut. Natürlich gehen die meisten von uns davon aus, unser sichtbares Ich sei nur die Oberfläche. Erst dahinter oder darunter wäre das wahre und wesentliche Ich zu finden; ein Selbst, ein Atman, eine Seele, ein Wie-dem-auch-sei, auf jeden Fall ist es da, und das Wichtigste: Es ist unsterblich.

Wenn wir unsterblich wären

Wozu der ganze Eifer, Ehrgeiz, die Verbissenheit und das Leiden, wenn wir unsterblich wären? Nur um die Aufnahmeprüfung ins bessere Jenseits zu bestehen? Und wenn auch das zutreffen sollte, dann geht es dort, den meisten Traditionen zufolge, genau so weiter wie hier. Allerhand Rankings, Warteschleifen, Liegeplätze für die Gewinner, Sitzplätze für die Normalen, Stehplätze für die Wartenden und der Rest findet sich in den Slums wieder, diesmal irgendwo im Kosmos verstreut. Aber auch das Gegenteil ist keine wirkliche Lösung. Denn auch dann, wenn unser Ich nur das Ergebnis der sich entwickelnden Materie sein sollte, bleiben die Fragen nach dem Warum und Wieso genauso offen wie zuvor.

Aber der Wecker klingelt. Haben wir ihn gehört? Sein Klang macht sich ständig dadurch bemerkbar, dass wir unruhig, unausgeglichen und so gut wie nie im Frieden mit dem sein können, was gerade ist. Mit anderen Worten: Der Wecker ist der Leidensdruck, der uns wie ein Schatten auf Schritt und Tritt begleitet. Und je größer und mächtiger wir zu sein meinen, umso größer und mächtiger wird er auch. Mit jeder Möglichkeit wächst die Gefahr genauso. Das bedeutet aber auch: Je mehr und stärker wir uns selbst behaupten, desto mehr und stärker werden die Selbstzweifel, Ängste und Unsicherheiten. Der Weckruf beantwortet nicht die Gretchenfragen des Lebens, leider nicht. Er verdeutlicht uns aber den Leidensmechanismus. Das Leiden entsteht immer dann, wenn wir uns als ein Jemand anhand eines Etwas dauerhaft etablieren wollen. Weil wir an sich wirklich nichts Umwerfendes sind und es auch nicht sein müssen, erfordert es eine unglaubliche Anstrengung, nahezu pausenlos als ein sichtbares und dauerhaftes Ich-bin-es zu erscheinen. Und wie geschieht das? Indem wir uns ständig selbst behaupten. Und wie geht dieses Sich-selbst-Behaupten? Indem sich unser System ständig mit wechselnden Gegenständen und Ereignissen identifiziert und dadurch einen »Jemand« hervorbringt. Um ein Jemand zu sein, muss das Ich auf ein Etwas hinweisen. Das Bewusstsein an sich ist doch offen und leer. Das scheint mir irgendwie nicht zu reichen. Also bin ich das, was ich habe, oder das, was ich erlebe. Und weil die anderen es genauso tun, muss ich mehr haben und ständig etwas Neues und Besseres erleben, sonst kann man mich in der Menge der gewöhnlichen Ichs nicht unterscheiden. Und wenn das passiert, wer bin ich dann? Genau diese Bewegung der konstanten Selbstbehauptung entsteht und hält sich aufrecht, durch den ständigen Zugriff auf alle möglichen Ressourcen. Das erklärt auch die immer heikler werdende Tatsache der umfangreichen Ausbeutung nicht nur von Dingen oder der Natur, sondern von uns gegenseitig und uns selbst.

Kein Ende in Sicht? Nein. Es sei denn, wir hören auf den Wecker und schauen in die Richtung, die wir am meisten fürchten und gleichzeitig am wenigsten kennen. Wir schauen auf das Bewusstsein selbst. Ist das simple Sosein ohne besondere Eigenschaften, die mich im Vergleich zu den anderen als besser dastehen lassen, wirklich so unerträglich? Wer von uns kann schon mal behaupten, sich mal so lange und ohne Zutaten von außen ausgehalten zu haben, um das Gegenteil zu behaupten? Leider nicht so viele. Und genau diese Richtung ist eine Reise wert. Natürlich erfordert sie Mut. Nicht weil sie so schwierig wäre, sondern weil sie so sehr gegen die Dampfwalze der Selbstbehauptung angeht. Und wie tut sie es? Ganz sanft und entschieden zugleich: Sie bleibt da, weil sie schon ist und erfährt sich so als das eine ungetrennte Bewusstsein der immer schon anwesenden Fülle.

Zufriedenheit ist meistens unspektakulär. Sie ereignet sich vorzugsweise mit einer Tasse Tee in einer kleinen Einzimmerwohnung, mit Blick auf die Kinder im Sandkasten oder mit einem tiefer entspannten Atemzug. Sie vermisst sich selbst am häufigsten auf besonders wichtigen Empfängen, in sehr großen Häusern, in den Zweit- und Drittwohnungen, auf den meisten Chefetagen, Hitlisten oder beim Aufmachen einer weiteren Alkoholflasche. Es lohnt sich daher zu versuchen, ein Nichts zu sein, denn es spricht einiges dafür, dass wir es eh und je sind und keiner der Erste sein will, der es sich vor all den anderen eingestehen möchte.

Gemeinsam nach dem Weckerläuten

»Wichtig zu wissen ist: Wer ist die zweite Hälfte der Halbgötter?«
Stanislaw Jerzy Lec

Wir haben das Ich nicht erfunden. Es hat sich langsam, sehr langsam entwickelt. Bis heute sind viele Wissenschaftler der Ich-Entstehung auf der Spur, und die Liste der Entdeckungen, aber auch die der neuen Fragen wächst weiter. Als ziemlich wahrscheinlich gilt derzeit die Ansicht, wonach wir zum Ich erzogen werden. Das setzt natürlich ein bereits vor uns vorhandenes anderes Ich voraus, das wir meistes Mama oder Papa nennen und von dem wir gänzlich abhängig sind und das wir über alles auf der Welt lieben. Neben allen Voraussetzungen, die wir mitbringen, ist diese Beziehung maßgebend für die Entwicklung unseres Ichs und der Art wie wir uns, meistens lebenslang, selbst behaupten werden. Wichtig dabei war die Einsicht, dass wir nicht einfach nur unser bereits seit der Geburt vorhandenes Ich mit Hilfe der Eltern entwickeln, sondern sich gegen sie und hunderte andere Ereignisse behaupten mussten, was zur dauerhaften Selbstbehauptung wurde, die sich dann selber Ich nennt.

Weil jedoch unser Ich ein fragiles Wunder ist, glaubt es, ständig auf eine besondere Zuwendung seitens der Eltern angewiesen zu sein. Bis zu einem bestimmten Alter stimmt das auch. Aber nennen wir mal die standardisierte Zahl achtzehntes Lebensjahr, da könnten wir den Zugang zur Fülle direkt und unmittelbar entdecken, ohne dass uns jemand dabei das Händchen hält. Genau das riskieren wir so gut wie nie und beharren darauf, es ständig und ausschließlich in Begleitung zu tun. Das führt in der Regel zu tragisch-komischen Szenen, von denen unsere Hände-Hoch-Szene der Klassiker ist. Erst dann, wenn wir vor lauter kugelsicheren Westen weder ein noch aus wissen, vernehmen wir das Klingeln des Weckers. Es macht uns einfach nur darauf aufmerksam, dass wir die Fülle alleine, zu zweit, zu dritt und gemeinsam mit vielen Menschen erleben können, weil sie einfach immer da ist. Sie stabilisiert uns wirklich und eröffnet den Raum für das genauere Hinschauen, mit wem wir welche Lebensprojekte gemeinsam angehen können. Es ist das unmittelbare Erlebnis der Fülle als einer wichtigen Seinsqualität, das uns beruhigt und zufrieden macht. Aus dieser Gewissheit heraus stellt sich so etwas wie Gelassenheit ein. Sie fließt aus der lebendigen Einsicht in die tiefe und grundsätzliche Güte des Lebens. Das ist die Quelle, aus der heraus wir wirklich gespeist werden. Sie ist es auch, die so manche Widrigkeiten in unserem Zusammenleben konstruktiver und rücksichtsvoller wird lösen helfen.

»Ich brauche dich« und »Ohne dich kann ich nicht leben«

Beide Bekenntnisse sind keine Liebesbezeugungen, sondern verzweifelte Schreie einer ins Stocken geratenen Selbstbehauptung, die auf der Autobahn der Selbststabilisierung eine Panne erlitten hat und unbedingt von einem liebevollen Du abgeschleppt werden möchte. Wenn wir das Muster der Selbstbehauptung auch nur ein wenig durchschmerzt haben, dann werden wir kaum mehr auf die Idee kommen, auf der Autobahn der Suche nach dem idealen Gegenüber ein Wettrennen zu veranstalten.

Alles ist da. Alle anderen ebenfalls. Wir waren und sind mehr als eine Gemeinschaft. Wir sind Einheit.

Zu manchen Personen fühlen wir uns mehr, zu anderen weniger hingezogen. Das gilt für alle Lebewesen und ist nicht ein rein menschliches Privileg. Dadurch aber sind alle anderen nicht weniger gut und wir nicht gleich unbedeutender, so jemand nicht uns, sondern eine andere Person mit Lust anschaut. Denn die Lust ist auch nur eine der unzähligen Spielvarianten der Fülle, und in ihr baden wir alle, ob wir es wissen oder nicht.

Im letzten Fall bedarf es eines stärkeren Weckers. Und auch der kommt zu seiner Zeit.

Es ist genug da für alle

»Ein reicher Mann ist ein armer Mann mit viel Geld.«
Aristoteles Onassis

Beziehungen sind kompliziert. Das gilt auch dann, wenn wir die eine oder andere Erkenntnis genießen konnten. Sie sind es, weil wir allen tiefen Erfahrungen von Sein und Fülle zum Trotz Menschen bleiben. Und Mensch sein heißt: sich zu behaupten. Sich zu behaupten, heißt aber, nach Möglichkeit uneingeschränkten Zugriff auf alles das zu haben, was mich ausmachen soll. Weil aber die anderen Menschen genau in der gleichen Lage sind, kommt es unweigerlich zu verschiedenen Formen von Konflikten, so sich unsere Bedürfnisse gerade mal überschneiden und keiner in der Lage ist, dem anderen genau das zu geben, was er unbedingt in diesem Augenblick zu brauchen meint. Und das, was wir am meisten benötigen, ist ein liebevoll-wertschätzender Blick. Denn ohne den direkten Zugang zur Fülle muss ich mir diese durch den Blick eines anderen holen. Koste es, was es wolle. Und es kostet natürlich einiges.

Ich weiß doch instinktiv, dass ich mit meinem Ich-Gehabe alles andere als toll und bewundernswert bin. Weil ich diese Unsicherheit immer latent spüre, brauche ich von außen wertschätzende und bewundernde Blicke, die ich Liebe nenne. Nur sind sie nicht immer und konstant zu haben. Mit anderen Worten: Alle achtsamen und erwachten Partnerschaften und Freundschaften geraten früher oder später an den Punkt, wo man vom anderen tief enttäuscht wird, weil er oder sie einem nicht das geben wollen, was sie eigentlich hätten geben müssen. Sie tun es einfach nicht, und das lässt uns an uns selbst zweifeln, weil damit unsere ganze mühevoll gebastelte Fassade zusammenzubrechen droht und wir natürlich mit ihr. Okay, und was machen wir dann? Keine Angst, für diese Situation haben wir normalerweise vorgesorgt. Die wohl ausgeklügelteste Art der Vorsorge manifestiert sich in der Erfindung des Geldes. Geld ist nämlich ein Wert an sich. So jedenfalls unsere allgemeine Übereinkunft. Auch hier wissen wir instinktiv, dass jegliche Bewertung eigentlich willkürlich ist. Wert an sich existiert nicht, sondern variiert je nach Meinung und Dafürhalten aller. Aber wenn wir uns gemeinsam darauf einigen, dass etwas doch an sich wertvoll ist, dann ist es jetzt für uns so und es fühlt sich zunächst stabil an. Das kann jeder, der mit einem bestimmten Auto vorfährt oder in sein tolles Haus in der ausgezeichneten Lage einlädt, überprüfen.

Also was machen wir mit dem Geld? Wir sammeln es und zwar direkt. Warum? Weil es uns das Gefühl des Werts an sich vermittelt. Haben wir Geld, dann haben wir Wert und sind auch was wert. Und je mehr Geld wir haben, desto mehr wert sind wir eigentlich. Reich sein als Selbstzweck ist die vermutlich interessanteste Erfindung der Menschheit bezüglich der eigenen Selbstbehauptung. Denn wenn wir reich sind, dann haben wir es geschafft. Und was haben wir geschafft? Wir haben eine dauerhafte Stabilität und Sorgenfreiheit erreicht, so jedenfalls die Vorstellung. Wie die Realität aussieht, wissen die Betroffenen am besten. Aber es ist ein sehr weit verbreitetes Mittelchen, um wenigstens ein bisschen von der Fülle und der Zufriedenheit zu erhaschen. Und da es normalerweise etwas dauert, bis man es erreicht, bleibt dann gar nicht mehr so viel Zeit übrig, um auch noch zu merken, wie häufig der Wecker bereits geklingelt hat.

Und er klingelt recht häufig und immer dann, wenn das ersehnte Haus, Fahrzeug oder ein anderes Vermögen erreicht wurde und die damit verbundene Zufriedenheit trotzdem viel schneller verpufft als gedacht, erwünscht und vorgestellt. In diesen Momenten der Leerheit ertönt der Klang des Weckers besonders schrill. Es ist der offene Raum der Stille, die unsere geschäftige Selbstbehauptung fürchtet, weil sie vernichtend wirkt. Und es stimmt. Genau das tut sie. Mit einer Richtigstellung: Sie vernichtet nicht, denn sie ist lediglich der Vorbote der Fülle des einfachen Soseins. Hätten wir Geduld und Mut zu warten, könnten wir wahrnehmen, wie sie auf unspektakuläre Weise unserer Selbstbehauptung nicht nur die Pistole und die Patronen aus der Hand nimmt, sondern das ihnen zugrundeliegende Bedürfnis, sich ständig selbst behaupten zu müssen.

Sie kann es tun, denn sie ist die Fülle. So gesehen ist sie wirklich die Einzige, die über wahre Macht verfügt, weil sie auch Macht ist. Und sie ist auch die Einzige, die uns liebt, weil sie die Liebe ist.

Wie einfach und wie schwierig zugleich.

Vollkommen

»Gibt es unter den Kannibalen auch Vegetarier?«
Stanislaw Jerzy Lec

Als Menschheit hatten wir immer schon die Neigung gehabt, das Materielle vom Geistigen trennen zu müssen. Natürlich handelte es sich bei dieser Trennung nicht um irgendeine praktische Unterscheidung, sondern um eine metaphysische Angelegenheit. Diese

Trennung wurde von einigen wenigen Experten, genannt Priester (deswegen auch besser bekannt unter dem Namen Geistliche), Philosophen oder Theologen aller Variationen vollzogen und institutionalisiert. Der Einfluss diverser Kirchen und Religionen auf die gemeinschaftsbildenden Institutionen und direkt auf die einzelnen Personen war nahezu absolut und ist immer noch beträchtlich. Die wohl wichtigste Botschaft fast aller Religionen basiert auf der Trennung von Körper und Geist. Genau diese Trennung ist uns bis ins Knochenmark hineingedrungen und wirkt dort immer noch, auch wenn wir rein äußerlich betrachtet säkular leben. Es spricht vieles dafür, dass das vehemente Bestehen auf genau dieser Trennung die unmittelbare »Lebensmittelvergiftung« ist, die wir bekommen haben, nachdem wir vom verbotenen Baum der Erkenntnis von Gut und Böse gegessen haben. Das Verbot, von diesem Baum zu essen, war wohl der erste lauteste Klingelton eines Weckers überhaupt. Den haben wir geschickt uminterpretiert. Jetzt heißt es plötzlich, dass das Sichtbare und Materielle das Böse ist und das Unsichtbare und Geistige das Gute. Weil unser Körper und damit wir sichtbar sind, sind wir prinzipiell erst einmal schlecht, und weil unsere Seele und Gott geistiger Natur also unsichtbar sind, sind sie automatisch gut. Daraus ergibt sich aber die fatale Konsequenz, dass nur das Böse gut sichtbar ist, während das Gute durch Unsichtbarkeit auf sich aufmerksam macht und daher für alle erdenklichen Theorien ein gefundenes Betätigungsfeld bleibt. Anders formuliert: Das Böse ist greifbar. Das Gute kann und muss bestimmt werden, und die Macht darüber liegt meistens beim Bodenpersonal der jeweiligen unsichtbaren Gottheit.

Das alles führt bis heute dazu, dass wir immer noch der Meinung sind, immaterielle Werte seien an sich besser als materielle. Deswegen auch die Verachtung bestimmter Personengruppen allem Materiellen gegenüber: dem Körper, der Natur und der Erde. Sie wären nur Mittel zu einem höheren Zweck. Mehr noch: Gerade wir leben in einer Kultur, die es geschafft hat, seit fast dreitausend Jahren das Gute, den Sinn und die Erfüllung ins geistige Jenseits zu befördern, sodass wir im Hier und Jetzt immer nur mit Vorbereitungsarbeiten auf das bessere und zukünftige Jenseits beschäftig sein können. Als Menschen ist uns Freude und Erfüllung schlichtweg nicht nur nicht möglich, sondern sie sind auch metaphysisch einfach nicht vorgesehen.

So ist und bleibt bis heute diese Unterscheidung und die auf ihr aufgebaute Trennung zwischen Gut und Böse die folgenreichste Betrachtungsweise unsere Wirklichkeit, die wohl für das meiste Leiden, das wir uns als Menschen antun, verantwortlich ist. Immer nur im Namen des Guten wurden die meisten Pistolen geladen und abgefeuert, Galgen errichtet, Konzentrationslager gebaut, Kriege geführt und Revolutionen angezettelt. Alles immer nur im Namen des sicher gewussten Guten. Alle Religionen waren in der Regel nicht nur dabei, sondern häufig federführend.

Was wäre aber, würden wir dem Klingelton des Weckers Beachtung schenken? Dann würden wir zunächst innehalten müssen inmitten des sicheren »Ich-weiß-was-gut-und-richtig-Ist«. Dieses Innehalten wäre eine kurze und neue Situation. Sie könnte der Beginn einer Bewusstwerdung sein, einer Art von Schauen und Erkennen, dass das Leben an sich Entfaltung ist und Regeln folgt, die uns weitestgehend verborgen sind. Wir würden die Neugier und das Staunen inmitten des lebendigen Lebens erleben, indem wir selbst bemerken, wie sehr wir dazuzählen. Wir würden in den Genuss des bereits jetzt stattfindenden Lebendigseins kommen können, zu dem auch Schmerz und Verlust und Trauer ebenso dazugehören, weil das Lebendigsein des Lebens seine Großzügigkeit ist, in der alles, wirklich alles kommen kann, was kommen will. Alles kann ganz kommen. Es ist deswegen auch immer schon voll-kommen.

Wir werden es nicht begreifen. Wir müssen es auch nicht, obwohl das kleine und flüchtige Gefühl des »Ich-habe-es-Verstanden«

wirklich Spaß macht. Und warum auch nicht. Die Freude ist doch endlich mal ganz auf dieser Seite. Auf unserer Seite. Vielleicht zum ersten Mal wirklich und vollkommen.

Erwachen

»Die meisten von uns haben die Anwesenheitsliste des Lebens
noch nicht unterschrieben.«
Stanislaw Jerzy Lec

Welche Überschrift passt wohl besser zum allerletzten Abschnitt über das beharrliche Klingeln des Weckers als das »Erwachen«? Okay, es gibt eine Alternative: das Erwachen selbst zu erleben, anstatt darüber zu lesen. Aber manchmal lesen wir den einen oder anderen Reiseführer, bevor wir es leibhaftig riskieren, ins Unbekannte zu reisen.

Wie geht also das Erwachen? Es geht sehr einfach, ist aber trotzdem nicht leicht. Es geschieht eben. Zunächst merken Sie, dass ich das Erwachen als Antwort auf das Kapitel von Sterben und Tod gewählt habe. Der Grund dafür liegt darin, dass die Haltung, die wir als »Erwachen« bezeichnen, eine andere Perspektive nicht nur auf das Sterben und den Tod, sondern auch auf das Leben wirft.

Es gibt ein sehr bekanntes Spiel, es heißt »Mensch ärgere dich nicht«. Obwohl im Namen bereits die Warnung enthalten ist, dauert es für gewöhnlich keine fünf Minuten und wir ärgern uns maßlos. Die Ursachen für den Ärger liegen bekanntlich auf der Hand. »Ich bin schon wieder geschmissen worden« oder »Du hättest mich jetzt wirklich nicht hinauswerfen müssen«, »Ich gewinne nie«, aber auch die großzügige Variante »Ich lass dich jetzt mal stehen und gehe mit der anderen Figur nach vorn«. Wie dem auch sei, und obwohl es ein Spiel ist, benehmen wir uns sehr schnell wie im »richtigen« Leben. Mal ganz davon abgesehen, dass auch das Spiel »richtiges Leben« ist, zeigt sich hier erneut und mit voller Wucht die Frage nach dem Ursprung unseres Ärgers. Und die Antwort? Sie ähnelt unseren täglichen Erklärungen, Vorwürfen und Rechtfertigungen. »Ich habe nie Glück«, »Alle haben sich gegen mich verschworen« oder die ambitionierte Variante »Jetzt aber zeige ich es euch allen«. Natürlich ist auch hier der Beginn der Religionen zu sehen, indem jemand den Würfel in die Hand nimmt, drei Mal pustet und sich dadurch die gewünschte Zahl erhofft und in der Regel (Statistik) nicht häufiger bekommt als die anderen Spieler am Tisch. Die Götter würde man auch gerne mit Vorwürfen überhäufen und zur Rechenschaft ziehen, aber das trauen sich die meisten von uns dann doch nicht. Wer weiß, vielleicht gibt es sie doch und sie rächen sich auf noch üblere Art als mit dem Rausschmiss beim Mensch-ärgere-dich-nicht.

Was ist aber der wirkliche Grund für den ganzen Ärger, aber auch für die Siegesfreude? Es ist nicht das, was im Spiel passiert. Es ist die Tatsache, dass wir uns mit der kleinen roten oder blauen Figur identifiziert haben. Nur dieser kleine und so selbstverständliche Akt erlaubt mir zu sagen: »Du hast mich geschmissen.« Im sogenannten »richtigen« Leben wird es dann ständig heißen: Das ist mein Mann oder meine Frau und mein Zimmer und mein Grundstück, und es sind meine Ziele, und es steht alles alleine mir zu. Und wenn uns etwas noch wichtiger ist, dann haben wir es nicht, sondern sind es: Ich bin gut und besser und der Beste. Ich bin sympathisch, nett und fleißig und alles Mögliche auch noch.

Langer Rede wirklich sehr kurzer, aber komplexer Sinn: Die Fähigkeit des Lebens, eine Identität zu bilden, ist ein Segen und ein Fluch zugleich. Können wir eine Identität nicht bilden, sind wir nicht erwacht, sondern schwer krank und kaum lebensfähig. Das ist der Segen. Setzen wir aber alles daran, nur eine ganz bestimmte Identität sein zu wollen und sein zu müssen, dann leiden wir wie die Hunde, falls die Hunde es wirklich so oft tun, was ich sehr bezweifle. Wenn ich der »Erfolgreiche« sein will, der »Gute« oder gar der »Beste«, dann muss ich die ganze Umgebung dahin treiben, es mir dauerhaft zu ermöglichen. Denn einmal ist keinmal. Der Erfolg von heute ist nun mal morgen der Erfolg von gestern, und die Treibjagd beginnt von Neuem. Dass ich dafür dauerhaft bewaffnet sein muss, ist mehr als nur selbstverständlich. Dass ich des Öfteren die Hände hoch heben muss, ebenfalls, denn ich spiele »Mensch-ärgere-dich-nicht« ja nicht alleine.

Erwachen bedeutet, durchlebt zu haben, dass unsere Identität, unser selbstverständliches Ich eine wundervolle Kreation des Lebens ist, eine seiner vielen Fähigkeiten, in Erscheinung zu treten und sich spielerisch zu organisieren. Es ist genau die Fähigkeit, mal eben die Plastikfigur im »Mensch-ärgere-dich-nicht«-Spiel genauso leidenschaftlich zu verkörpern, wie zu weinen, wenn jemand uns verlässt, oder sich zu freuen, wenn der Hund seinen Kopf in unseren Schoß gelegt hat. All das sind wir und gleichzeitig keines davon ausschließlich.

Erwachen bedeutet zu realisieren, dass wir die wundervolle Fähigkeit des Lebens sind, am Erleben des Lebens unmittelbar teilzunehmen, indem wir genau das gerade sind und sein können, was sich soeben ereignet. Wollen wir es festhalten, weil es uns doch so sehr gefällt, dann zerrinnt es in unseren Händen und wir verpassen gleichzeitig das bereits sich jetzt Ereignende. Wollen wir auf das

Künftige warten, dann verpassen wir das Jetzige. Wenn wir die Fülle wirklich wollen, dann müssen wir nichts tun, denn sie ist ständig da. Ob wir ebenfalls da sind, das ist nicht nur eine andere Frage, sondern die Frage schlechthin.

Erwachen ist immer

Wenn etwas in unserer Wahrnehmung erscheint, nennen wir es Geburt, und wenn es aus unserer Wahrnehmungsfähigkeit verschwindet, nennen wir es Tod. Ob diese Bezeichnungen wirklich präzise genug sind, kann zu Recht bezweifelt werden. Das, was erscheint, ist niemals auch nur ein winziges bisschen vom Leben unterschieden oder gar getrennt. Und das, was geht, verlässt niemals das Leben. Das sieht nur so aus, wenn wir zu lange an etwas Bestimmtem festhalten, indem wir es als Bild in der Erinnerung oder Vorstellung behalten und im gleichen Augenblick alles andere außer Acht lassen müssen.

Erwachen bedeutet zu erleben, dass unsere Wahrnehmungsfähigkeiten immer schon und immer nur ein Ausdruck des Lebens sind.

Alles, was uns als ein Kommen und Gehen erscheint, ist immer schon Leben und wird im Leben und als Leben geboren werden und sterben.

Erwachen bedeutet aber vor allem, mit Sicherheit zu wissen, dass das alles nur Worte sind und Bilder und die damit verbundenen Möglichkeiten, Vorstellungen zu kreieren, Pläne zu schmieden und an bestimmten Erinnerungen hängen zu bleiben.

Es bedeutet zu wissen, dass wir wirklich nichts wissen. Es bedeutet zu wissen, dass uns das Geheimnis des Lebens immer offensteht, damit wir darin baden, aber nicht wieder auf die Idee kommen, das kurzfristige Bad mit dem »Ich-habe-das-Leben-verstanden« zu verwechseln oder gar gleichzusetzen. In diesem Sinne ist Leben Leben.

Es ist immer schon unmittelbares Erleben und Durchleben. Und wenn uns wieder die Versuchung überkommt, etwas ganz Bestimmtes sein zu wollen oder wirklich erwacht oder erleuchtet zu sein, dann wissen wir, dass das ein erneutes unbedeutendes Festhalten am Echo des Lebendigen, an seinen in unserem Gedächtnis gespiegelten Bildern ist.

Es ist und bleibt nur eine Einbildung. Und genau das sind wir auch: eine Einbildung nach der anderen. So gesehen sind wir alle eingebildet, oder Sie etwa nicht?

Textnachweis

S. 25: Samyutta Nikaya, zitiert aus Hans Wolfgang Schumann, *Buddhismus: Eine Einführung in die Grundlagen buddhistischen Religion: Das Leben und die Lehre Buddha's für Anfänger erklärt*, München 2016, S. 50 und 51.

Literaturempfehlungen

In meiner Wahrnehmung ereignet sich Zufriedenheit häufiger dann, wenn man etwas entdeckt, und viel seltener, wenn man etwas erreicht. So betrachtet steht dem Glück wirklich nichts im Wege, es sei denn, wir stellen das eine oder andere dort hin und verdecken das Glück.

In Bezug auf Bücher, Musik oder Bilder heißt das, dass manche davon die von uns vollgestellte Wirklichkeit zu entkleiden vermögen, indem sie das, was ist und so wie es ist, einfach und direkt benennen.

Hier einige Empfehlungen, die mich während des Schreibens begleiteten:

Dichtungen von:
Juan Ramón Jiménez, Stein und Himmel, Stuttgart 1981 (vergriffen, antiquarisch zu bekommen)
Jan Skácel, Wundklee. Gedichte, Frankfurt a. M. 1982 (vergriffen)
René Char, Rückkehr stromauf. Gedichte, Berlin 2017

Sachbücher von:
Marina Abramović Durch Mauern gehen. Autobiographie, 2016
Thomas Metzinger, Grundkurs Philosophie des Geistes, Band 1, Phänomenales Bewusstsein, 2006

Bertrand Russell, Unpopuläre Betrachtungen, 2009
Joe Dispenza, Schöpfer der Wirklichkeit, 2010

Musik wie:
Arvo Pärt: Fratres, Spiegel im Spiegel, Für Alina
Ludwig v. Beethoven: Sonata 21
Joao Gilberto: Chega de Saudade

Ausstellungen:
Marina Abramović, The Cleaner, Retrospektive, Centre of Contemporary Art »Znaki Czasu« u. a. in Toruń, Polen